AF476176

L27n
35553

L'ÉPISCOPAT PROVENÇAL AU XVIIIe SIÈCLE

NOTICE

SUR

Mgr J. DE FORBIN-JANSON

ARCHEVÊQUE D'ARLES

Primat et Prince du Saint-Empire, Seigneur de Salon et de Saint-Chamas.

(1711-1741)

PAR LE R. P. DOM THÉOPHILE BÉRENGIER

O. S. B.

MARSEILLE
SOCIÉTÉ ANONYME DE L'IMPRIMERIE MARSEILLAISE
MARIUS OLIVE, DIRECTEUR
Rue Sainte, 39

1885.

Ln27 65553

L'ÉPISCOPAT PROVENÇAL AU XVIIIe SIÈCLE

NOTICE

SUR

Mgr J. DE FORBIN-JANSON

ARCHEVÊQUE D'ARLES

Primat et Prince du Saint-Empire, Seigneur de Salon et de Saint-Chamas.

(1711-1741)

PAR LE R. P. DOM THÉOPHILE BÉRENGIER

O. S. B.

MARSEILLE
SOCIÉTÉ ANONYME DE L'IMPRIMERIE MARSEILLAISE
MARIUS OLIVE, DIRECTEUR
Rue Sainte, 39

1885.

27
35555

Tiré à 50 exemplaires sur papier ordinaire
— à 50 — sur papier Hollande.

REGEM EGO
COMITEM
OMES REGEM

PRINCIPALES SOURCES HISTORIQUES

Gallia Christiana, T. I.

Histoire de l'Eglise d'Arles, T. IV.

Histoire de la ville d'Arles, par La Lauzière.

Mémoire sur l'ancienne République d'Arles, par Anibert, T. I et II.

Lettres et documents pour servir à l'histoire de la Peste d'Arles, par le Dr Laval.

Ultramontains et Gallicans au XVIIIe Siècle, par L. Remacle.

Nécrologe des défenseurs de la vérité (Janséniste), T. I.

Les Nouvelles ecclésiastiques, T. I, II et IV. (Janséniste).

Mémoires (*mss*) **sur l'Eglise d'Arles**, par le chan. Bonnemant, Bibl. d'Arles.

Le Livre de la Sacristie (*mss*), par le chan. de Boche, Archives d'Arles.

Recueils des Mandements de Mgr de Forbin-Janson, Archives d'Arles, Armoire 27, Reg. Eglise T. I. GG.

Journal de l'Oratoire (*mss*), *ibidem*.

Mémoires sur Mgr de la Motte d'Orléans, Evêque d'Amiens, par l'Abbé d'Agnies, T. I.

Histoire de la Noblesse de Provence (Artefeuil), T. I.

Notre-Dame de Sainte-Garde, par Barjavel.

Vie de M. Laurent Bertet.

L'ÉPISCOPAT PROVENÇAL AU XVIIIe SIÈCLE

NOTICE

SUR

Mgr JACQUES DE FORBIN-JANSON

ARCHEVÊQUE D'ARLES

PRIMAT ET PRINCE DU SAINT-EMPIRE

SEIGNEUR DE SALON ET DE SAINT-CHAMAS

1711-1741.

Ce pieux et courageux Prélat a été l'un des évêques de France les plus maltraités par les Jansénistes du XVIIIme siècle. Son zèle ardent pour la pureté de la foi, l'impétuosité de son caractère méridional et l'énergie de ses convictions catholiques l'exposèrent plus d'une fois aux blessures de leurs langues venimeuses. Mais son admirable charité pour les pauvres et pour tous les malheureux, son dévouement pour ses ouailles durant la peste de 1720, qui en fit un second Belsunce, sa scrupuleuse orthodoxie, le rendirent cher aux Souverains Pontifes, qui occupèrent la chaire de saint Pierre durant son long épiscopat, et à tous les véritables catholiques.

Nous voulons faire connaître, dans cette courte biographie, sans dissimuler certains entrainements de l'homme, les grandes vertus de cet Archevêque d'Arles qui rendit le nom fameux des Forbin (1) encore plus cher à la Provence.

(1) Le poëte Mistral a dit, dans son *Calendal*, en énumérant les plus grandes familles provençales :

E li Fourbin que toujour novo
Mantenon sa noublesso....

Calendau, Cant. II.

I

La famille des Forbin est certainement, après les Baux et les Sabran, l'une des plus illustres de notre région méridionale par l'ancienneté, les grandes alliances et les services rendus à la patrie. Plusieurs historiens la font venir d'Angleterre (1); Elle occupait déjà un rang considérable en Provence dès le milieu du XIVe siècle (2). On sait qu'elle se divisait en plusieurs branches dont voici les principales : les Forbin, marquis de Solliès ; les Forbin, marquis de Janson, (3) ; les Forbin, seigneurs de Gardanne ; ceux de la Barben ; les Forbin, barons de Meyniers et d'Oppède , les seigneurs de Sainte-Croix des Issarts, etc. (4).

La premières de ces branches, celle des marquis de Solliès a produit le grand Palamède de Forbin, le négociateur, sous Louis XI, de l'union de la Provence et de la France (5). C'est à la seconde que se rattache l'Archevêque d'Arles, dont nous allons raconter la vie. Son père, Laurent de Forbin, gouverneur d'Antibes, mestre de camp de cavalerie dans le régiment qui portait son

(1) *Histoire de la Noblesse de Provence* (Artefeuil, T. 1, p. 400-412.

(2) *Ibidem*, p. 400. Elle est connue depuis le testament fait à Avignon, le 26 janvier 1362, par noble Pierre de Forbin, qualifié de *Miles*, chevalier.

(3) Janson est un chateau sur la rive gauche de la Durance, presque vis-à-vis de Cadenet. — Expilly, *Dict. des Gaules*.

(4) Moréri donne encore les branches des Forbin la Roque et des Forbin la Marthe, dans la Viguerie de Castellane. — Il y a aussi les Forbin de Thuriès, ceux d'Arles et ceux de Bonneval. C'est de Jean I de Forbin, né en 1380, que partent les trois branches de la Barben, de Soliès et de Gardanne. D'elles sont sorties les autres. On doit remarquer que c'est principalement de Jean II de Forbin, père de Jean III, seigneur de Janson, que s'est développée la grande race des Forbin.

(5) C'est cet illustre seigneur qui disait : « J'ai fait le Roi comte de Provence et le Comte m'en a fait Roi. »

nom, 1er consul d'Aix en 1651 et Viguier de Marseille en 1653, avait épousé la noble Damoiselle Geneviève de Briançon, Dame de la Saludie, qui lui donna quatre fils et quatre filles. Jacques de Forbin, le futur prélat, était le quatrième enfant mâle de cette nombreuse et belle famille.

Son frère aîné, François-Toussaint de Forbin, plus connu sous le nom de comte de Rosemberg, avait bien le caractère brave et aventureux de sa race. Il s'était vu obligé, à la suite d'un malheureux duel où il avait tué son adversaire (1), de quitter la France ; car le Parlement de Paris l'avait décrété de prise de corps. Il se mit au service de l'Empereur d'Allemagne et mérita par ses hauts faits durant le siège de Vienne, sous Jean Sobieski, et à la bataille de Bude, d'être créé comte de Rosemberg. Mais l'Empereur ayant déclaré la guerre à la France, ce vaillant guerrier ne voulut point porter les armes contre sa patrie. Admis de nouveau dans l'armée française, il s'y montra par sa bouillante valeur digne de ses ancêtres. Blessé très grièvement au combat de la Marsaille, Rosemberg fit vœu, d'entrer à la Trappe, alors dans toute la ferveur de la réforme de l'abbé de Rancé, s'il échappait à la mort. Toutefois, à peine guéri, il oublia sa promesse et se plongea de nouveau dans le tourbillon des plaisirs du monde.

Ce ne fut que dix ans après, à la suite d'une très grave et très longue maladie, qu'il se souvint de son vœu et alla frapper à la porte de la Trappe (1702). Il y fit profession de la vie religieuse en 1703 et ne fut plus dès lors connu que sous le nom de frère Arsène. On l'envoya plus tard à la Trappe italienne de Buon-Solazzo, en Toscane, et il y mourut (1710) en odeur de sainteté, dit-on, à l'âge de

(1) C'était le jeune Charles d'Aubusson de Chassingrimon, le propre neveu du maréchal de la Feuillade.

55 ans (1). Nous avons donné ces détails parce que cette conversion éclatante devait avoir une grande influence sur la vie de notre prélat.

Le second frère du futur Archevêque, qui s'appelait Joseph de Forbin, continua la race ; le troisième, Michel, mourut commandeur de l'Ordre de Malte et devint brigadier des armées du roi ; quant aux quatre filles elles furent unies aux meilleures familles de Provence (2).

Né à Paris (3) le 23 avril 1673, Jacques de Forbin fut destiné, comme beaucoup de cadets de bonne maison en ce temps-là, *à être d'église.* Mais il ne devait pas y demeurer dans les rangs inférieurs. Son oncle était ce fameux cardinal de Janson qui fut successivement évêque de Digne, de Marseille et de Beauvais. Cardinal et grand Aumônier de France, ce prélat diplomate et homme d'esprit, menait la vie d'un puissant seigneur (4). Il voulut avoir auprès de lui son neveu, et lorsque Jacques de Forbin, après de fortes et sérieuses études, après une éducation cléricale dans le célèbre séminaire de Saint-Sulpice, eut suivi, avec succès, les cours de théologie de la Sorbonne et reçu l'onction sacerdotale, le cardinal de Beauvais lui donna un canonicat dans sa cathédrale et l'associa à l'administration diocésaine, avec le titre de Vicaire Général. En 1700, Innocent XII étant mort, le grand aumônier de

(1) On a sa vie, que l'abbé Maupertuy a traduite de l'italien, in-12.

(2) Elles entrèrent, dit Artefeuil, dans les maisons de Demandols, de Causans, de Valavoire-Monlaus et de Thoron-Artignosc.

(3) Bonnemant, chanoine d'Arles, dit, dans ses curieux *Mémoires* (IV, CXV) que Mme de Forbin accoucha inopinément à Paris, dans un voyage.

(4) Envoyé à Rome par Louis XIV, sous Innocent XII et Clément XI, il traita les affaires de la France avec une grande habileté et le plus heureux succès. On sait que le bon roi René disait : la *vivacité d'esprit des Forbin.* Le cardinal, si fin diplomate, montrait qu'il n'avait pas dégénéré de ses ancêtres. Dans son *Histoire de Jean Sobieski,* M. de Salvandy affirme (T. 1, p.) que ce grand capitaine dut le trône de Pologne aux talents diplomatiques de Toussaint de Forbin ; mais on semble le contester aujourd'hui.

France emmena Jacques de Forbin à Rome, comme conclaviste, et dès que Clément XI fut élu, il obtint du roi l'abbaye de Saint-Valéry-sur-Somme pour ce neveu bien-aimé.

Mais Jacques de Forbin n'avait pas l'ardente ambition du célèbre Cardinal. Loin de là ; les honneurs de la terre lui inspiraient une véritable répulsion. Aussi, après trois années passées à Rome, avec son oncle, dans les splendeurs de la cour pontificale et des palais de l'aristocratie romaine, il revint à Beauvais plus dégoûté que jamais de la vie du monde. C'était en 1703, l'année même ou son frère aîné le comte de Rosemberg sacrifiait tout : honneurs, plaisirs, fortune pour s'ensevelir dans le cloître. « A son exemple, dit le dernier biographe (1) de notre prélat, il résolut d'abandonner, pour une vie plus parfaite, les honneurs ecclésiastiques dont il jouissait et ceux plus grands encore qui l'attendaient. Il partit pour la Trappe avec la promptitude un peu brusque de décision qui fut toujours un des traits de son caractère. Mais sa résolution ne tint pas contre les prières et l'autorité de sa famille. Ses parents le ramenèrent de la Trappe à Beauvais où il reprit l'administration du diocèse, que l'absence de son oncle laissait complètement à ses soins. »

Son ardente piété, son amour de la pénitence surent néanmoins lui faire trouver les moyens de mener, dans le palais épiscopal de Beauvais, la vie d'un Trappiste. « Tous les soirs, il quittoit son bel appartement et se retiroit, dit le chanoine Bonnemant, dans un cabinet situé sur la voûte froide et humide de la glacière de l'évêché. Il y couchoit sur un petit lit à tombeau garni d'une simple paillasse, qu'il avoit eu le secret d'y placer, sans qu'on s'en aperçut. La fraîcheur du lieu lui

(1) *Ultramontains et Gallicans au XVIII*[e] *s.*, par L. Remacle, p. 55. Nous sommes loin d'aprouver l'esprit et les tendances de ce curieux livre, où Mgr de Forbin-Janson est assez malmené.

causa un rhumatisme général, avec grosse fièvre et redoublement qui le mirent à deux doigts du tombeau et dont il ne fut guéri que par une espèce de miracle. » (1)

« Chaque jour, ajoute L. Remacle, il consacrait une partie de son temps à visiter les pauvres, les prisonniers et les malades, leur prodiguant les secours, les consolations et jusqu'aux soins matériels les plus rebutants. » Si l'on en croyait même une tradition de la ville d'Arles, il aurait eu le courage d'imiter l'acte héroïqne de sainte Elizabeth de Hongrie. Sentant, un jour, la révolte de la nature à la vue de l'horrible cancer qu'un de ses malades avait au genou, il aurait appliqué ses lèvres sur cette plaie fétide, afin d'en sucer le pus (2). Disons encore que la plus grande partie de ses revenus passaient aux pauvres, aux malades et aux prisonniers.

En 1706, l'abbé de Forbin montra toute la délicatesse de sa conscience et son respect pour les saints canons en donnant sa démission de chanoine de l'église de Beauvais, par ce qu'ayant déjà la commande de l'abbaye de Saint-Valéry, il ne voulait pas posséder deux bénéfices à la fois. Rare exemple d'un désintéressement que l'on ne connaissait presque plus à cette époque.

En 1709, il reçut, le 15 mars, le bonnet de docteur de théologie en Sorbonne ; car les soins multipliés de l'administration diocésaine, ses exercices de piété, ses visites aux pauvres et à tous les malheureux ne l'empêchaient pas de se livrer à l'étude et de préparer avec succès ses examens.

(1) *Mémoires mss, sur l'Eglise d'Arles*, T. IV, ch. CXV. — Bibl. d'Arles.

(2) Le chanoine Bonnemant ne parle pourtant pas de cet acte héroïque de charité.

II

Depuis huit années, Messire Jacques de Forbin administrait avec édification le diocèse important de Beauvais, lorsque la Providence, qui exalte les humbles et qui prépare de loin de dignes pontifes à l'église de Dieu, disposa toutes choses pour son élévation à l'épiscopat. Le grand roi Louis XIV, juste appréciateur, surtout à la fin de son régne, du mérite et de la vertu des ecclésiastiques qu'il choisissait pour gouverner les diocèses de son royaume, nomma, le 11 avril 1711, l'abbé de Forbin-Janson à l'archevêché d'Arles, que Mgr François de Mailly venait de quitter pour monter sur le siège de Reims. Il n'est pas douteux que la faveur dont jouissait le cardinal de Janson ne fût pour beaucoup dans la nomination de son neveu à l'un des premiers archevêchés de France; mais nous nous croyons en droit d'ajouter, après ce que nous avons dit de ses vertus et de son savoir, qu'il en était parfaitement digne.

Il y avait pourtant une sérieuse difficulté à vaincre; c'était de faire accepter cette grande charge à l'humble ecclésiastique. On raconte que le courrier, porteur de sa nomination, rencontra dans les rues de Beauvais plusieurs chanoines auxquels il l'annonça. C'était vers le soir. Le lendemain ces chanoines qui allaient à Matines, voulurent dit Bonnemant, être les premiers à saluer leur collègue du titre d'Archevêque et entrèrent dans sa chambre ; mais lui, faisant semblant de dormir, s'enfonça doucement dans son lit et ne répondit rien. Ces chanoines s'étant retirés ; quelques autres rentrèrent peu de temps après et trouvèrent l'abbé de Forbin à genoux au pied de son crucifix et fondant en larmes.... (1) On ajoute qu'il poussait des cris de douleur comme un homme frappé de la plus grande des calamités. — « Pourquoi, disait-il, me charger d'un fardeau si pesant? Ne connait-on pas la faiblesse de mes épaules? »

On le décida pourtant, après avoir répondu à toutes les objections de son humilité, à lui faire accepter le fardeau de l'épiscopat, et il partit pour Versailles afin de remercier le Roi *de la grâce insigne*, ce sont les termes de l'époque, qu'il venait de lui accorder. Mais quelques jours après ses scrupules, ses terreurs le reprennent plus fortement; son âme se trouble, il quitte subitement la cour et s'enfuit à l'abbaye de Sept-Fonts (2), en laissant sur son prie-Dieu une lettre où il disait en substance : « Me sentant indigne de l'épiscopat, je me crois obligé en conscience de refuser l'archevêché d'Arles et je vais m'ensevelir dans la solitude. »

Ses parents furent de nouveau désolés; mais ils connaissaient l'ardeur de son caractère et la promptitude de ses résolutions, qui étaient quelquefois trop précipitées pour durer longtemps, et ils envoyèrent à sa poursuite son frère Michel, le commandeur de Malte, qui l'atteignit à Essone et parvint, après de longs pourparlers, à le ramener à Paris. Son oncle, le grand Aumônier l'y attendait avec anxiété. Il fallut livrer encore un long combat pour triompher de ses répugnances et de sa profonde humilité. Il répétait sans cesse ; « Laissez-moi mourir au fond d'un cloître. Je sais que je ne suis point digne de l'épiscopat. Si vous insistez, vous perdrez mon âme. » On parvint cependant, à force d'instances vives et de raisons

(1) *Mémoires (Mes). sur l'Eglise d'Arles, ibidem.*

(2) Monastère cistercien, près de Moulins, en Bourbonnais, fondé en 1132; il venait d'être réformé par Eustache de Beaufort, avec la même sévérité que celui de la Trappe.

pressantes, à lui faire accepter la charge épiscopale qu'il regardait comme la plus lourde des responsabilités.

Ce fut le 2 août 1711 que Jacques de Forbin reçut, dans la belle cathédrale de Beauvais, l'onction qui fait les pontifes. Le prélat consécrateur était Mgr Gaspard de Vintimille du Luc, ancien évêque de Marseille et alors archevêque d'Aix. Il était assisté de Pierre de Sabathier, évêque d'Amiens et d'Honoré de Quiqueran de Beaujeu, évêque de Castres et parent de l'élu, dont il devait devenir bientôt l'un des plus tenaces adversaires. Quant au Cardinal de Janson, il assista à l'auguste cérémonie; mais nous n'avons pu découvrir le motif qui l'empêcha de consacrer lui-même son neveu, comme toutes les convenances semblaient le demander.

Le nouvel archevêque se rendit bientôt à Fontainebleau et, en la fête de l'Assomption. il prêta serment entre les mains du roi (1). Par respect pour les saints canons, il voulut ausstôt se démettre de son abbaye de Saint-Valéry, comme il avait déja abandonné son canonicat de Beauvais. Mais sa puissante famille ne l'entendait pas ainsi. Son oncle, le Cardinal, qui possédait lui-même plusieurs grands bénéfices, déploya toute son éloquence et toute son habileté diplomatique pour faire à son neveu un devoir de garder cette abbaye dont les revenus étaient indispensables, disait-il, à la dignité de son rang et nécessaires aussi, ajouta-t-il avec finesse, pour soulager les misères que Mgr d'Arles ne manquerait pas de rencontrer dans son vaste diocèse. Ce dernier argument l'emporta sur les honorables scrupules du nouveau prélat.

En s'éloignant de Beauvais où il avait montré, durant

(1) *Gallia Christ.* T. 1. col. 596. — Les Bénédictins, auteurs de ce savant recueil, font en ces termes l'éloge du nouvel archevêque : « *Utinam diu præsit, ut prosit, Præsul pietate, modestia, omniumque virtutum societate ac consuetudine illustrior quam nobilitate out dignitate.* »

huit années, les prémices de son zèle sacerdotal, Mgr de Forbin voulut perpétuer les liens qui le rattachaient à cette Eglise, sa mère adoptive, en unissant, le 10 avril 1712, son chapitre avec la métropole d'Arles par une communauté de prières et de bonnes œuvres (1).

Notre prélat s'était mis en route pour son diocèse dans les commencements de l'année 1712, après avoir assisté à l'assemblée générale du clergé. Il y fit son entrée le 17 mars ; mais dans son humilité, il refusa tous les honneurs que les habitants d'Arles voulaient lui rendre et qui étaient comme un souvenir de la grande puissance des anciens archevêques. « Cependant, dit M. de Boche, chanoine-sacristain de la métropole de Saint-Trophime, dès que l'on fut informé de son arrivée, on tira les boîtes, on sonna les cloches ; et celle des consuls ayant fait rassembler bon nombre des habitants les plus notables, ils vinrent, en chaperon, faire visite au nouveau prélat qui fut complimenté par le premier consul, Marc-Antoine de Balarin (2). Peu après le Gouverneur, Joachim-Guillaume de Nicolaï, vint en faire de même, accompagné de ses amis, et successivement de tous les ordres religieux et différents corps de la ville. Le lendemain, sur les dix heures, tous les chanoines de la métropole, en habit de chœur, furent le prendre chez lui et le conduisirent à la cathédrale, dans laquelle il fit son entrée par la grande porte. Il y assista au *Te Deum*, chanté par la musique et y entendit la messe, après laquelle il fut ramené à son palais avec les mêmes cérémonies qu'en allant » (3).

(1) Lalauzière, *Abrégé chronologique de l'Histoire d'Arles*, p. 511.
(2) *Ibidem*, passion.
(3) Archives, livre *Sacristie* (mss), de M. de Boche, A, Armoire 27.

R.F.

III

Jacques de Forbin-Janson était, d'après la liste donnée par le *Gallia Christiana*, le centième pontife de l'antique et vénérable métropole d'Arles, une des plus illustres des Gaules. Fondée plusieurs siècles avant l'ère chrétienne et décorée, par Rome après le siège de Marseille, du titre de *Colonia Arelate Sextanorum* parce que les soldats de la VIe légion y avaient leur campement, la ville d'Arles acquit, en peu d'années, une si grande importance politique et commerciale qu'Ausone ne craint pas de l'appeler *Roma Gallula*. Plus tard, elle devint la capitale d'un royaume qui comprenait presque tous les pays arrosés par le Rhône. On sait que l'Empereur d'Allemagne ajoutait à ses titres nombreux de souveraineté celui de Roi d'Arles (1), comme successeur du roi Boson.

Sous le rapport ecclésiastique, les destinées de cette noble cité ne furent pas moins glorieuses. Saint Trophime, disciple de saint Paul, l'évangélisa, selon une très vénérable tradition, confirmée par les papes saint Zozime et saint Léon-le-Grand, et elle reçut ainsi la bonne nouvelle à peu près dans le même temps que Marseille, la plus fameuse des Eglises soumises à sa juridiction, quand elle devint métropole (2). Les Evêques d'Arles portèrent de toute

(1) Ce royaume, qui finit par ne consister qu'en un vain titre, comprenait à l'origine, d'après Gervais de Tilbury (*Otia impérialia*), la Suisse, le Dauphiné, le Comtat, la Provence et même la Savoie et la Franche-Comté. Il s'y trouvait six métropoles : Besançon, Vienne, Tarentaise, Embrun, Aix et Arles. Nous devons dire cependant que plusieurs historiens contestent l'exactitude de ces limites.

(2) *Arelatensis ecclesia ex cujus sacro fonte tota Gallia fidei rivulos acceperunt.— S. Zozimi, epist. ad episcopos per Gallias constitutos.*

antiquité le titre de Vicaires du Saint-Siège, qui leur fût concédé et confirmé par les papes Zozime et Symmaque (1). C'est en cette qualité et plus tard comme Primats des Gaules, qu'ils présidèrent une douzaine de conciles tenus dans leur métropole. Parmi ses illustres pontifes, on trouve onze saints et deux bienheureux. Les plus célèbres furent, après saint Trophime, saint Honorat, saint Hilaire, saint Césaire, saint Aurélien, saint Virgile, et le B. Louis Allemand. Nous ne parlons pas du saint martyr Genès et de tant de vierges saintes dont les admirables vertus illustrèrent la Rome des Gaules.

Au moyen-âge, le métropolitain d'Arles jouissait de grandes prérogatives comme vicaire de l'Empereur d'Allemagne pour le royame d'Arles. Même à l'époque où s'établit dans cette ville le Consulat, en 1213, par suite d'un véritable réveil municipal « l'Archevêque conserva toujours, dit Anibert, une sorte de surintendance sur les affaires publiques » (2). Le peuple élisait le Podestat, l'Archevêque désignait les Consuls. Ce Podestat, qui gouvernait la république arlésienne, devait prêter serment à l'Empereur entre les mains de l'Archevêque, ainsi que le Viguier ou Maire de la ville.

La nouvelle république devint promptement si puissante qu'elle rivalisait avec Gênes et Venise. Elle ne dura que 37 ans. Les empereurs d'Allemagne et les comtes de Provence exercèrent depuis leur autorité dans Arles d'une manière plus directe ; mais l'Archevêque ne cessa point d'y avoir une grande situation et vit confirmer de nouveau tous ses privilèges, en 1354, par l'Empereur Charles IV. Il avait le droit de battre monnaie, d'ennoblir, de recueillir et de vendre le sel ; il se qualifiait

(1) Le pape Jean XIII, écrit à Iterius, arch. d'Arles : « *Primas Arelatensis ecclesiæ principatum et caput obtinet cæterarum ecclesiarum, secunda à Romana Sede.*

(2) *Mémoires historiques sur l'ancienne République d'Arles,* T. II.

de Primat, de Prince du saint Empire et de Montdragon, Seigneur de Salon et de Saint-Chamas.

Au XVIIIe siècle, plusieurs de ces privilèges, presque régaliens, n'existaient plus ; néanmoins le pontife qui présidait aux destinées de l'Eglise d'Arles faisait encore grande figure dans le clergé de France. Le chapitre de cette métropole était composé de vingt chanoines, dont quatre dignitaires : le Prévôt, l'Archidiacre, le Sacristain et l'Archiprêtre ; trois personnats : le Capiscol ou Ecolatre, le Primicier et le Trésorier. Il y avait, de plus, vingt bénéficiers et douze officiers de chœur. L'Archevêque nommait les dignités et les personnats et il avait double voix pour l'élection, par le chapitre, des autres chanoines.

Les revenus de ce siège important, montaient à 42,000 livres. On comptait huit paroisses dans Arles, en dehors de celle de la métropole et cinquante-une dans le reste du diocèse. Il y avait, en outre, deux enclaves en Languedoc : Beaucaire et Fourques. Les collégiales étaient au nombre de trois : N.-D. de la Major dans Arles ; N.-D. de Pommiers à Beaucaire et Saint-Laurent de Salon. Presque tous les ordres religieux étaient représentés dans cette métropole ; mais il ne restait des anciennes abbayes que deux monastères : Montmajour et Saint-Césaire d'Arles, tous deux sous la règle de saint Benoit.

On sait que le décret du 9 avril 1802, donné par le cardinal Caprara, après la conclusion du Concordat, avait uni le siège d'Arles à celui d'Aix. Le nouveau Concordat du 11 juin 1817 rétablit la métropole antique d'Arles, avec Marseille et Ajaccio pour suffragants ; malheureusement cet acte demeura sans effet, et la bulle *Paternæ caritatis*, du 6 octobre 1822, replaça l'Eglise d'Arles sous la juridiction de l'archevêque d'Aix.

Dans ces dernières années le pape Pie IX, voulant rendre à cette noble Eglise quelque chose de sa splendeur passée, érigea l'ancienne cathédrale de Saint-Trophime en basilique mineure et reconstitua le Chapitre de cette insigne métropole, qui figure maintenant dans toutes les cérémonies ecclésiastiques à la suite du Chapitre de Saint-Sauveur d'Aix (1).

IV

Reprenons, après cette courte digression sur la cité et l'Eglise d'Arles, la biographie de notre prélat : Mgr Jacques de Forbin avait, nous l'avons dit, un profond attachement pour la foi catholique et pour toutes les prérogatives du Saint-Siège ; mais son caractère vif et passionné pour le bien ne connaissait pas les demi-mesures. Il n'entendait rien non plus aux habiles et charitables temporisations dont usaient le Souverain Pontife et la Cour de Rome, pour ne point éteindre, en France, la mèche qui fume, ni briser le roseau qui éclate. Aussi ne devons-nous pas être étonnés que son épiscopat soit devenu, encore plus que celui de Mgr de Belsunce, son ami et son suffragant, un combat continuel et ardent contre les hérétiques de cette époque malheureuse.

Dès que la bulle *Unigenitus*, qui condamnait les erreurs du janséniste Quesnel, eut été acceptée par l'assemblée du

(1) Par son bref du 1er janvier 1877, Pie IX établit dans l'église de Saint-Trophime un chapitre de douze chanoines, tenus à chanter la grand'e messe et les vêpres à toutes les fêtes des saints de l'Eglise d'Arles. Ce sont le curé de la métropole, les quatre vicaires et les quatre autres curés d'Arles, avec trois prêtres de l'archiprêtré. Ils portent, comme les anciens chanoine, le camail bordé de *petit gris* L'inauguration eut lieu le 30 septembre 1877, en la fête de Saint-Trophime. — Le rescri pour l'érection de l'église paroissiale de Saint-Trophime en basilique mineure est du 19 décembre 1881 ; le bref d'érection est du 24 janvier 1882 et sa publication solennelle par Mgr Forcade, archevêque d'Aix, du 29 janvier 1882.

clergé de France (1714), l'archevêque d'Arles s'empressa d'y donner une adhésion chaleureuse et absolue par son mandement du 27 avril 1714. Il y dépeignait les nouveaux sectaires « se dédommageant en secret de la contrainte dont ils se faisaient esclaves en public », et il ajoutait dans l'ardeur de son zèle : « Quant à nous, nos très chers Frères, détestons toujours leur horrible hypocrisie » (1). On ne s'étonnera donc point que le digne prélat se soit aussi empressé, dès son premier synode (1715) de faire signer à tout son clergé le formulaire d'Alexandre VII et l'acceptation de la nouvelle bulle comme règle de foi. Depuis lors, il exigea cette double signature à chaque réunion synodale. On le vit même, en 1734, dans l'assemblée provinciale de la métropole d'Arles dire à ses suffragants : « Messeigneurs, une pensée m'a été inspirée, je crois, par le Saint-Esprit, c'est que, quoiqu'il ne s'agisse dans cette assemblée que d'affaires temporelles, nous devons faire marcher avant toute chose la signature d'adhésion à la bulle *Unigenitus* » (2). Ce qui fut aussitôt exécuté.

Toujours dans le désir de donner plus de force à cette adhésion, qui devait sauver l'Eglise de France du schisme, notre archevêque demanda au cardinal de Rohan, qui avait succédé au cardinal de Janson dans la charge de grand Aumônier, quel était le sens précis et la véritable portée de l'acceptation de la bulle par l'assemblée de 1714. — Voici la réponse de ce prince de l'Eglise. Elle montre bien l'état de l'opinion, même chez les meilleurs catholiques dans ces matières délicates et au milieu de ces débats théologiques : « ... Acceptation pure et simple, dit cette Eminence, dans laquelle on ne ferait que les fonctions d'exécuteurs des ordres du Pape, rejetons celle-là ; acceptation pure et simple dans laquelle nous nous

(1) Voir le recueil des mandements de ce prélat aux archives d'Arles et à la bibliothèque de cette ville. — Armoire 27, Reg. *Eglise* T. 1, GG.
(2) *Nouvelles Ecclésiastiques*, T, IV, année 1734, p. 20.

conformons au jugement du Pape, mais après un mûr examen, une exacte discussion, en un mot, en jugeant comme lui, parce que nous reconnaissons qu'il a bien jugé, c'est là notre acceptation. La première supposerait le Pape infaillible ; la seconde suppose que, n'étant pas infaillible, il n'a pas failli ; celle-là dérogerait aux droits des évêques, celle-ci les confirme » (1).

Mgr de Forbin-Janson était trop attaché au Saint Siège pour faire ces distinctions subtiles, et qui seraient aujourd'hui hétérodoxes, relativement au pouvoir doctrinal du Vicaire de Jésus-Christ. Nous pouvons même dire qu'il dépassait son temps par l'ardeur de sa foi et par son humble soumission aux moindres paroles prononcées par le successeur de saint Pierre. Il ne paraissait pas une production de la secte janséniste que l'archevêque d'Arles ne se hâtât de la censurer. En 1716, il condamne les *Hexaples* et le *Livre du témoignage de la vérité*. En 1717, il condamne encore l'appel que faisaient les sectaires de la Bulle au futur Concile général, *comme frivole, téméraire et schismatique* (2). En 1718, il se réserve très spécialement les oppositions commises extérieurement contre la soumission intérieures due à cet acte pontifical. En 1725, il défend la lecture du nouveau testament, traduit par le janséniste Huré. Mgr de Belsunce, qui était, à cette époque, en Provence, le plus ferme défenseur de la foi catholique, se loue beaucoup, en écrivant au cardinal de Bissy, de l'attitude si courageuse de notre prélat (3). Il dit en propres termes : « Si à Aix, on estoit comme à Arles, tout iroit bien » (4).

(1) Recueil de mandements, *ibidem*.
(2) Recueil de Mandements, *ibidem*
(3) Lettre autographe du 21 février 1718. — Cabinet de M. de Clapiers.
(4) Lettre du 17 décembre 1718. — Ibidem.— Mgr de Vintimille, Archevêque d'Aix était, en effet, bien moins ardent pour la défense de la foi catholique que son collègue d'Arles.

Mgr de Forbin trouvait, comme son suffragant de Marseille, une grande résistance chez les Oratoriens d'Arles, qui, presque tous, étaient favorables aux nouvelles doctrines. Cependant, à cette époque, leurs rapports mutuels paraissaient encore affectueux. En voici la preuve dans le récit de l'une de ses premières visites à l'Oratoire de cette ville. Nous copions le journal de la maison : « Le 5 décembre 1719, nous avons été prendre Mgr de Forbin, notre archevêque. Le P. Albi, supérieur, qui était en chappe, luy a fait baiser la petite croix d'argent au pied de l'escalier de l'archevèché. Après s'y estre habillé sur l'autel qu'on avoit dressé, on l'a conduit processionnellement à l'église, en chantant le *Benedictus*. Les Marguilliers portoient le dais et ils estoient couverts, quoiqu'il n'y eut pas de gentilhommes. Le P. supérieur luy fit un très beau compliment, après qu'il fut entré dans nostre église, après l'absoute et les cérémonies ordinaires. Mgr fit le prône en provençal, célébra la sainte messe et donna ensuite la confirmation. Nos pères le reconduisirent jusqu'à l'archevèché. Le soir il manda tous les Pères pour les interrogations ordinaires et, le lendemain, pour nous recommander de ne pas appeler au futur concile » (1).

Cette paternelle recommandation fut inutile, et nous lisons dans le *Journal historique de l'Oratoire* d'Arles ces tristes paroles, qui montrent en même temps la fermeté du prélat et l'obstination des Oratoriens dans leur sentiments hérétiques : « Mgr a suspendu tous les pouvoirs de nos Pères, excepté ceux du P. curé, parce qu'on n'a pas voulu signer avec serment que la constitution *Unigenitus* est un oracle du Saint Esprit » (2).

(1) *Journal de l'Oratoire*, archives d'Arles, armoire 27. G G.

(2) Ibidem. — C'est ce qui l'obligea, en 1726, à leur enlever le Grand Séminaire qu'il confia aux Pères de Sainte-Garde, moins habiles professeurs peut-être, mais au moins très bons catholiques. Il leur interdit

V

Jacques de Forbin-Janson avait aussi à subir, dans Arles, la présence de l'un des Evêques de France les plus rebelles à l'autorité du Saint-Siége,et dont la malheureuse influence était encore plus puissante que celle des Oratoriens. Nous voulons parler d'Honoré de Quiqueran de Beaujeu, Evêque de Castres, parent de notre prélat et qui avait été l'un des assistants de son sacre. Natif d'Arles où sa famille occupait un rang élevé, il y faisait de fréquents et longs séjours chez ses neveux et ses cousins qui étaient nombreux. Ce personnage devint naturellement le chef de tous les Appelants et de tous les Jansénistes du diocèse, également jaloux de son appui. En effet, après la mort de Louis XIV, dont il aurait craint de braver l'autorité, Mgr de Beaujeu, qui était un homme d'esprit et doué d'une rare éloquence, avait manifesté hautement ses sentiments hérétiques, et il osa plus tard, le 19 janvier 1719, adresser à son peuple une lettre pastorale pour retracter l'adhésion pure et simple à la fameuse bulle qu'il n'avait jamais accepté sincèrement.

Mgr de Forbin, depuis son arrivée à Arles, avait toujours entretenu avec cet évêque des rapports pleins de cordialité ; mais il aimait la verité plus que la parentée, et il ne craignit pas,quoique Mgr de Beaujeu,habile théologien, fût son ancien dans l'épiscopat et son aîné de vingt ans, de chercher à l'éclairer sur les devoirs de sa charge. L'évêque de Castres se trouve avoir écrit au Cardinal de Noailles,

aussi les leçons de théologie fondées par le savant liturgiste Du Moulin et les remplaça par deux chaires de théologie établies au collège des Jésuites.

le chef alors des opposants à la bulle, le long entretien qu'il eut avec le métropolitain d'Arles le 31 juillet 1717. Il se donne naturellement le beau rôle ; mais il résulte néanmoins de son récit que l'Archevêque y montra, comme toujours, la parfaite catholicité de ses sentiments et tout son bon cœur, quoique, à la fin, justement irrité de l'obstination de son adversaire, il lui ait adressé quelques paroles vives, échappées à l'ardeur de sa foi et de son caractère.

Nous reproduisons la relation de l'Evêque de Castres :

« Est-il vrai, Mgr., dit l'Archevêque, qu'à votre retour de Montpellier, vous ayez répandu dans Arles le bruit qu'il y a des prélats, en Languedoc, qui ne regardent pas la Constitution *Unigenitus* comme une règle de foi ? — Oui, Mgr., je l'ai dit. est cela est très véritable. — Et vous, Mgr., ajouta-t-il, qu'en pensez-vous ? — Je ne crois pas qu'on doive la regarder comme une règle de foi. — Mais ne l'avez-vous pas acceptée ? — Oui, Mgr., je l'ai acceptée avec des explications et relativement aux explications. — Quoi, reprit-il, la Constitution acceptée par le corps des pasteurs n'est donc pas une règle de foi, de morale et de discipline ? — Non, Mgr., parce que la manière de l'acceptation n'est pas universelle. » — Suit une longue dissertation janséniste sur ce que M. de Castres appelait la *Règle de foi*.

Jacques de Forbin, voyant qu'il ne pouvait convaincre son adversaire, voulut le prendre par les sentiments et s'adressant à Honoré de Beaujeu en provençal, leur langue maternelle à tous deux, il lui dit en l'embrassant avec une affection familière : « Croyez m'en, mon bon, croyez m'en » (1) ; et il ajoutait d'un ton attendri : « Un si bon théologien, un si bon esprit, s'égarer comme vous faites ! Quoi ! mon parent, mon ami, un prélat qui m'a imposé les

(1) « Crézé-mé, mon boun, crézé-mé. »

mains ; un prélat dans le sein duquel je viens de répandre mon cœur, parler dans mon diocèse contre mon sentiment ! » Mais l'évêque de Castres, loin de répondre à ces avances, lui dit sèchement qu'il soutiendrait ses opinions à Arles comme dans son propre diocèse. C'est alors que l'archevêque fut obligé de faire cette déclaration : « Vous vous donnez-ici, Mgr, des licences qui ne vous appartiennent pas. Vous ne devez pas dire dans mon diocèse que la constitution *Unigenitus* n'est pas une règle de foi puisque je la donne comme telle à mon peuple ; car, enfin vous n'avez pas de territoire dans mon diocèse. »

Ne pouvant faire aucune réponse sérieuse à ce raisonnement si conforme à la vérité catholique et aux saints canons, l'évêque de Castres ne craignit pas de rire d'une manière inconvenante et d'appeler fanatique l'archevéque, qui le menaçait de la vengeance du ciel pour ses mauvais sentiments. Notre pieux prélat.plus affligé qu'offensé de cette injure, se contenta de répéter, selon son habitude, en levant les yeux aux ciel : « Dieu soit béni, Dieu soit béni ! Voilà pourtant comment on est traité quand on soutient une bonne cause... Mais Dieu nous jugera... Pour moi, je vais mettre tout ceci au pied de la croix. » Et il s'éloigna tristement, pendant que l'évêque janséniste lui répondait par des moqueries entièrement déplacées. Il fallut que l'archevêque le priât de rester dans son diocèse de Castres et de ne plus venir mettre le trouble dans celui d'Arles.

Mais l'obstiné prélat ne tint aucun compte de cette prière qui valait bien une défense, et Mgr de Forbin ayant suspendu les pouvoirs des prêtres de l'Oratoire, qui refusaient de se soumettre aux décisions du Saint-Siège, Mgr de Beaujeu affecta de présider solennement à la pose de la première pierre de la nouvelle maison qu'ils faisaient construire (1).

(1) Ce malheureux évêque persista dans ses sentiments hétérodoxes jusqu'à sa mort comme nous le verrons plus tard.

Détournons nos regards de ces tristes démêlés, qui se reproduisaient dans bien d'autres diocèses de France, envahis par le Jansénisme. Nous trouverons plus de consolation dans le spectacle du dévouement de l'archevêque d'Arles au moment de la terrible peste de 1720.

Cette épouvantable contagion fut précédée par un fléau moins redoutable, mais néanmoins assez désastreux, par une invasion de sauterelles, qui ravagent parfois les côtes de Provence comme celles d'Afrique. Notre prélat, en prescrivant des prières à ses ouailles pour que Dieu les délivrât de ces nuées d'insectes, qui dévoraient toutes les récoltes, se servit de cette circonstance pour prémunir les fidèles d'Arles contre leurs tendances à écouter les sectateurs de Jansénius. Il leur disait dans son langage toujours familier et pittoresque : « La légèreté d'esprit et une curiosité funeste ont porté trop de personnes parmi vous à écouter la nouveauté et à se choisir de faux maitres, au mépris du pasteur immédiat que Dieu vous avoit donné pour vous conduire plus sûrement, parce qu'il se trouvoit uni au plus grand nombre de ses confrères et au chef de l'Eglise ; et Dieu, pour vous punir de vostre inconstance dans la foi et de vostre défaut de soumission, vous livre à la voracité de vils insectes, qui, par les irrégularités de leurs sauts, expriment assez au naturel les divers changements et les intercadences (*sic*) successives de ceux qui tournent et se laissent emporter à tout vent de doctrine » (1).

(1) Mandement du 11 mai 1720.— Déjà en avril 1709, notre archevêque avait, avec l'esprit de foi qui le caractérisait, exorcisé des chenilles et autres insectes, qui infestaient le pays et qui disparurent bientôt. « On allait, par curiosité, dit Véran, voir arriver les insectes sur le Rhône où M. l'Archevêque les avait envoyés. » (*Annales mss, d'Arles* — Archives de cette ville, armoire 32.

VI

Nous n'avons pas à rappeler comment la peste asiatique, apportée à Marseille par un vaisseau marchand qui venait des échelles du Levant, emporta, dans l'espace de quelques mois (de juillet à décembre 1720) une grande partie des habitants de cette grande ville de commerce. On sait avec quelle charité héroïque Mgr de Belsunce, secondé par la portion vraiment catholique de son clergé, par les échevins et par quelques généreux citoyens, vint au secours de ses ouailles, décimées par le cruel fléau. Son admirable dévouement l'a placé pour toujours parmi les héros de l'humanité. Nous pouvons ajouter que Jacques de Forbin suivit dignement ses traces (1).

Voici le tableau que le docteur Laval trace de la marche du fléau en Provence : « La contagion qui enlevait à Marseille plus de mille personnes par jour gagnait peu à peu tout le pays. De Vitrolles et de Vélau, elle envahissait successivement les Martigues, Pélissane, Saint-Cannat, Salon, Saint-Remy et enfin Tarascon. Dès le 4 octobre, Aix était devenu sa proie et elle traitait cette ville si durement que le Parlement fut obligé de se réfugier provisoirement à Saint-Remy. Alors partout on s'agita pour chercher à se protéger. Chaque ville ferma ses portes,

(1) Le 4 septembre 1720, Mgr de Belsunce lui écrivait : « Dieu par sa miséricorde préserve votre ville, monseigneur, du terrible fléau qui nous accable et qui a passé à Vitrolles. Jamais plus affreuse situation que celle où ie me trouve. J'ay besoin de vos prières et ie vous les demande instament, mon très illustre Seigneur, vous avouant ingénuement qu'il est des moments où le courage m'abandonne et que ie me trouve dans la désolation. Depuis quarante iours ie n'entends parler que de morts et de mourans... » (Archives des B.-du-Rhône, fond Nicolay, carton 80).

supprima ses cabarets, établit des gardes-bourgeoises, fit nettoyer et parfumer les maisons, les basses-cours, les rues, les carrefours, etc. ; plaça des corps de garde aux avenues des grands chemins, installa des infirmeries, tint rigoureusement la main aux quarantaines individuelles, etc. etc.

« Comme complément de ces mesures locales, un arrêt du Conseil d'Etat du roi (14 septembre 1720) mettait la Provence tout entière en quarantaine, faisait défense aux habitants et aux marchandises de cette province de franchir les rivières du Verdon, de la Durance et le Rhône, supprimait les foires, n'autorisait la circulation que des personnes munies de *billets de santé*, donnait enfin pleins pouvoirs aux commandants et à l'intendant de Provence pour établir des bureaux de santé. L'assemblée des Etats de Provence, de son côté, avait, à partir de ce moment, l'œil à tout, envoyait de l'argent, des vivres, des médecins, des secours de toute nature aux localités successivement atteintes.

« Plus que tout autre ville, Arles fit bonne garde. Il est vrai que, plus que tout autre aussi, elle avait sujet de craindre, étant donnée les mille causes d'insalubrité qu'elle recélait dans son sein et surtout sa fâcheuse position sur les bords du Rhône, à un endroit où ce fleuve, par suite des dépôts incessants des nouveaux sables, empêchait l'écoulement des eaux de la ville et transformait le sous-sol en réceptable de miasmes délétères ; tandis que ce même fleuve, grâce à ses débordements fréquents, avait fait de toute la campagne du levant de nombreux marécages, desquels s'exhalaient, en tout temps, de pernicieuses effluves, que les vents du sud apportaient jusques dans la ville, y causant des fièvres endémiques, la plus grande partie de l'année »(1).

(1) *Lettre et documents pour servir à l'histoire de la peste d'Arles en Provence*, Broch. de 48 p. Nîmes, 1878, p. 9-10.

Cependant la peste ne pénétra dans Arles que cinq mois après son apparition à Marseille ; car les consuls avaient pris de sages précautions contre le fléau. La ville avait reçu de grands approvisionnements. On avait établi des corps de garde sur le Rhône et à toutes les avenues des routes, pour forcer à la quarantaine les bateaux et les voitures. Malgré ces mesures de prudence, la contagion entra dans Arles et ce fut, comme à Marseille, l'appât du lucre qui en devint la cause. Un porte-balle de Tarascon arriva, en novembre, de Marseille, avec diverses marchandises pestiférées et les déposa chez le nommé Claude Robert, qui avait une maison dans la Crau. Celui-ci se sentant frappé par le terrible mal, réussit, la nuit, à échapper aux gardes de santé et se retira dans sa maison d'Arles, au milieu de l'amphithéâtre (1). Robert mourut, le 26 novembre, ainsi que sa femme, sa belle-mère et plusieurs voisins. La peste cacha d'abord ses coups ; mais, le mois suivant, elle se répandit dans la ville.

Jacques de Forbin, dès le mois d'octobre avait engagé ses diocésains à se tourner vers le ciel, et, dans ses mandements du 12 octobre et du 22 novembre, il avait ordonné des prières pour éloigner le fléau de sa ville épiscopale. Mais Arles comme Marseille avait besoin d'une expiation. Aussi quand l'affreuse contagion eut commencé ses ravages, le zélé pontife montra dans ses mandements (2) qu'elle était la verge dont le Seigneur se servait pour châtier

(1) L'amphithéâtre, dit un auteur contemporain, semblait à cette époque à une ruche. Des maisons s'étaient échelonnées sur ses flancs intérieurs et en cachaient l'ordonnance. On allait çà et là à travers des rues tortueuses et grimpantes, aboutissant toutes aux deux entrées principales du monument romain, complètement enseveli sous ces constructions disparates. — Les *Arénois* se distinguaient toujours de leurs concitoyens par des allures particulières. C'est à l'activité de M. Laugier, baron de Chartrousse, maire d'Arles sous la Restaurarion, que l'on doit le déblaiement de ce majestueux colosse, en abattant 212 maisons, qui formaient deux paroisses.

(2) Il les publia le 17 décembre 1720 et les 17 janvier et 21 février 1721.

le dévergondange des mœurs arlésiennes. Il n'oublia point, en publiant, le 7 mars 1721, l'indulgence que le Souverain Pontife venait d'accorder au diocèse, de dire, comme Mgr de Belsunce, que la colère du ciel avait été provoqué par l'opiniâtreté des Jansénistes et des Appelants dans leurs sentiments hérétiques (1).

Nous en donnerons une preuve parmi beaucoup d'autres que nous pourrions produire. C'est la réimpression faite par les sectaires du mandement du 12 octobre, pourtant si pieux et si catholique, qu'ils cherchèrent à rendre ridicule, en le critiquant sur toutes ses faces par les commentaires les plus malins et les plus odieux (2). Il fallut que le P. Pasturel, de l'ordre des Minimes, publiât une réfutation en règle de ce libelle diffamatoire, « dont l'auteur dit-il avec raison, semble avoir trempé sa plume dans l'encre que se servit Luther pour écrire son livre insensé de la *Captivité de Babylone* (3).

Ces attaques méchantes n'empêchèrent point Jacques de Forbin de remplir tous les devoirs de sa charge dans cette calamité publique. « Dès l'apparition de la peste, dit le chanoine Bonnemant, notre charitable pontife se disposa à procurer à ses ouailles tous les secours qu'il pouvoit leur fournir. A cet effet, il donna aux curés et autres prêtres du diocèse les avis et les instructions nécessaires en pareil cas. Il appela les Pères capucins pour le

(1) Cinq fois les Oratoriens et les Dominicains, tous plus ou moins appelants, lui demandèrent de porter les Sacrements aux pestiférés. Il refusa toujours ne voulant pas ajouter la perte de l'âme à celle du corps chez ces infortunés.

(2) Les Jansénistes se permettaient de sottes plaisanteries même sur le nom de Jacques que portait le prélat.« Monseigneur, faisaient-ils dire à un ami de l'archevêque, vous n'êtes pas Jacques le majeur, ni Jacques le mineur; mais Jacques le *minime* ». Ils marquaient ainsi sa prédilection pour les religieux de ce nom, tous fort catholiques, et donnaient à entendre que, selon eux, il n'avait pas un esprit transcendant.

(3) *Justification du mandement de Mgr l'Arch. d'Arles*, in-12 de 238 p. Avignon, 1724.

service des hôpitaux. Il visitoit exactement, tous les jours, les hôpitaux et autres lieux où il y avoit des malades; il pourvoyoit de prêtres les endroits qui en manquoient afin que les sacrements fussent administrés à tous (1) ». Le prélat fit aussi son testament, afin d'être prêt à paraître devant Dieu, s'il devait périr au service de son troupeau (2). Le 2 juin, il ordonna la fermeture des églises. La messe dut être célébrée en plein air, au milieu des places publiques.

Cependant, aux horreurs de la peste, dit un écrivain déjà cité, se joignirent bientôt les troubles d'une sédition populaire. Le gouverneur d'Arles, Jacques d'Arlatan de Beaumont, voyant les progrès de la contagion, sequestra tous les mendiants et les gens sans aveu au-delà du Rhône, dans le faubourg de Trinquetaille, qui était le plus contaminé; il établit un cordon de soldats tout autour de la ville, avec défense de le franchir sous peine de la vie. Jusqu'au mois de mai, les ravages de la peste circoncrits dans un quartier extérieur et énergiquement combattus, demeurèrent stationnaires. Le nombre des victimes ne s'éleva qu'à 42. Mais à cette époque, un fâcheux relâchement dans la rigueur des précautions et sans doute aussi l'élévation de la température amenèrent une terrible recrudescence; il y eut 130 victimes dans le mois de mai. Il fallut aviser par de nouvelles mesures à la gravité de la situation. Le cordon sanitaire, qui entourait la ville d'un véritable blocus, fut rapproché des murs dont les habitants ne purent plus sortir. C'est alors que l'émeute vint joindre ses horreurs à celles de la maladie. La rigueur du blocus qui leur interdisait le seul moyen efficace de salut, la fuite, et qui les condamnait à voir, du haut des remparts qui les enfermaient, leurs moissons

(1) *Mémoires (mss) sur l'Eglise d'Arles*, T. IX, Ch. CXV.

(2) V. aux Archives d'Arles — Eglise, G. G. Armoire 27 — le testament de 1741, qui révoque celui de 1721.

sécher sur pied, exaspéra les Arlésiens. Les passions détestables, qui comptent pour assouvir leurs appétits sur le désordre des calamités publiques, s'allièrent au désespoir pour pousser ces infortunés aux plus dangereuses extrémités. Une révolte formidable éclata le 4 juin et menaça la ville d'affreux malheurs. Nul n'osait se risquer au milieu des furieux qui saccageaient le faubourg de Trinquetaille en attendant de déchaîner leur fureur sur la ville.

Ecoutons maintenant ce que raconte le chanoine Bonnemant, témoin presque contemporain du dévouement de l'Archevêque : « Instruit de l'atroupement, Mgr de Forbin, courut aprés ses brebis, les chercha partout et en ayant trouvé une bande près de la Roquette, dont ils vouloient enfoncer les portes, il n'oublia rien pour les apaiser. Il embrasse les uns, adresse des paroles tendres aux autres et ne craint point le péril évident où il s'expose de prendre la peste en communiquant ainsi avec ces malheureux qui, sourds à sa voix, vont au quartier de Marcanau (Marché-Neuf), en poussant des hurlements qui faisoient frémir et menaçant d'enfoncer la porte du quartier de cette ville. Le prélat les suit, jusqu'à ce qu'accablé de lassitude et ne pouvant plus se soutenir, il est forcé de les quitter et de se retirer chez lui pour y prendre un peu de nourriture. Pour lors, quelques-uns des moins mutins le mirent, comme par honneur, au milieu d'eux, armés les uns de fusils, les autres d'épées ou autres armes, et l'accompagnérent chez luy où ils n'entrèrent cependant pas, restant sous l'arc de l'Archevêché où le charitable prélat leur fit distribuer de l'argent, se flattant de les gagner par ses largesses, et il dîna dans cette espérance. A peine avoit-il fini son repas, qu'on vint l'avertir que les mutins avoient forcé la barrière de Trinquetaille, entrant dans les maisons et jetant tout par les fenêtres.

« Le pillage alloit commencer ; l'Archevêque vole au

secours de son peuple. Il arrive à Trinquetaille et s'étant confondu dans la foule des séditieux, il fait parler ses larmes, qui ne peuvent attendrir ces cœurs d'airain. On le charge d'injure, on est sourd à sa voix (1).... » A ce moment, un misérable lève sa hache pour lui fendre la tête ; heureusement il est repoussé par l'un des serviteurs du prélat, qui redouble ses prières et ses supplications pour apaiser l'émeute. Alors un marinier du Rhône, espèce de colosse nommé Jean Castellan, se précipite sur le pontife et lui donne un grand soufflet. Aussitôt, Mgr de Forbin, obéissant au précepte divin, présente l'autre joue (2). Mais après le premier mouvement de colère, ce malheureux est bientôt pris de remords de son action abominable. Il rejoint l'Archevêque, se jette à ses pieds, en le conjurant de lui pardonner. Celui-ci le relève et l'embrasse en lui disant en langue provençale qu'il parlait toujours volontiers : « Siès Provençau é mai iou; c'aco t'arribo pus (3) ». Puis il l'absout de l'excommunication et lui promet de lui rendre service dans l'occasion.

Cependant, le marquis de Caylus, commandant des troupes royales, s'avançait avec des forces imposantes jusqu'à la barrière de Trinquetaille pour réprimer l'émeute et punir les factieux. L'Archevêque va aussitôt à sa rencontre, et comme le commandant lui disait qu'il fallait une prompte répression, Jacques de Forbin se jette aux genoux du noble marquis et, par ses larmes et ses sup-

(1) *Mémoires mss. sur l'Eglise d'Arles*, ibidem.

(2) Bonnemant ne rapporte pas le fait de cette manière et dit seulement que Jacques de Forbin, parfait imitateur de son Maître, ne se plaignit pas de cette insolence.

(3) « Tu es Provençal, et moi aussi; que cela ne t'arrive plus ». Le même Castellan voulut, dans la suite, ensevelir le prélat pour expier son crime et coupa un morceau de la soutane violette, qu'il garda comme une relique. « Je l'ay connu, ajoute Bonnemant; il est mort le 20 janvier 1784, âgé de 89 ans ».

plications, parvient à atténuer les châtiments que méritait la révolte (1).

Ces désordres n'avaient pu que favoriser les progrès du terrible fléau. Durant le mois de juin 1721, trois mille cinq cents personnes mouraient dans la ville d'Arles. Aussi, le 19 juin, l'Archevêque dut interdire la célébration de la messe en plein air, qui occasionnait des rassemblements toujours dangereux. Les prêtres célébrèrent le saint sacrifice dans l'intérieur des églises, rigoureusement interdites au public. La sonnerie des cloches avertissait les fidèles dans leurs maisons et leur permettait de suivre la cérémonie à laquelle ils ne pouvaient plus assister qu'en esprit. Le mois suivant ne fit que redoubler les épouvantables ravages de la maladie. Mgr de Forbin fut obligé de quitter son palais infecté et de se réfugier chez un de ses prêtres, l'abbé de Saint-Andiol. Tous ses domestiques avaient péri.

Dans ces terribles circonstances, Jacques de Forbin se montra véritablement le Belsunce de la ville d'Arles. La nuit comme le jour, on le voyait parcourir les rues de la cité désolée, entrer dans les plus pauvres demeures pour administrer les sacrements et donner même des soins matériels aux pestiférés. Il répandait d'abondantes aumônes dans leurs familles et nourrissait un grand nombre de pauvres. Après avoir épuisé ses ressources, vendu ses chevaux, ses carosses, son argenterie, il eut recours à la bourse de ses amis, qui ne lui firent pas défaut (2)

(1) M. de Caylus dut pourtant faire un exemple. Les trois principaux émeutiers furent passés par les armes sur le pont de Crau et cinquante autres furent condamnés à ensevelir les pestiférés comme *Courbeaux*, dit Bonnemaut.

(2) Le cardinal de Mailly, son prédécesseur, lui envoya 10,000 livres, et l'Evêque de Castres, son constant adversaire, s'honora en envoyant aux Consuls de sa ville natale une forte somme d'argent. Il implora aussi la charité de ses ouailles par le mandement du 17 août 1721. — Nîmes et Beaucaire envoyèrent des sommes considérables aux Arlésiens. « Mgr de Forbin dit Bonnemant, dépensa de son revenu, pour la peste seulement, 28,000 livres ».

Mais voyant que le courroux du ciel ne s'apaisait point et que l'affreuse contagion faisait toujours de plus nombreuses victimes, l'Archevêque d'Arles qui déjà, le 6 janvier 1721, avait déterminé les Consuls a faire un vœu à saint François Régis dont la protection avait jadis délivré de la peste les habitants de Montfaucon, en Languedoc, résolut de s'adresser de nouveau au Ciel. Lui qui avait si bien imité le dévouement pastoral de l'Evêque de Marseille, crut devoir employer le même moyen que Mgr de Belsunce, pour désarmer le bras d'un Dieu vengeur. Le 14 juillet il adressa à ses malheureux diocésains un mandement pour leur annoncer la consécration de la ville au Sacré-Cœur et, le 21 juillet, il fit une procession expiatoire où l'on porta les reliques de saint Roch, ce patron si puissant contre la peste, et le pieux pontife suivait la châsse, pieds nus, la corde au cou et les yeux baignés de larmes, comme un autre Charles Borromée. Ses prières furent enfin exaucées, dit son dernier biographe. Les ravages de la peste diminuèrent rapidement à ce moment, et dès le 4 août, l'état sanitaire de la ville était assez satisfaisant pour que la quarantaine qui devait la purger des derniers vestiges de la contagion pût être établie. Quatre mille vingt-cinq personnes avaient péri à Arles dans le courant du mois de juillet. Le 25 septembre suivant, Jacques de Forbin assistait à une procession solennelle d'actions de grâces ; toutefois, ce ne fut que le 20 décembre que les églises purent être rouvertes. Les communications de la ville avec la Provence ne furent rétablies que le 8 avril de l'année suivante.

Les désastres causés par la peste avaient été épouvantables. Arles, dès le commencement de l'épidémie, fut abandonné par la moitié de ses habitants. Sur les 12.500 demeurés dans ses murs, il en périt 8 572. En outre, 1.638 personnes moururent dans la campagne. Au nombre des victimes on compta le commandant de la ville pour le Roi, quatre consuls, 35 conseillers de ville, 72 ecclesiastiques, 35 médecins et 75 membres des commissions sanitaires. Quoiqu'en ait pu dire plus tard la passion de ses adversaires, l'Archevêque, au milieu de ce lamentable désastre se maintint sans faiblir à la hauteur de sa mission apostolique. Il ne cessa d'exposer sa vie pour prodiguer à ses infortunés diocésains, avec les consolations de la religion, des secours de toute nature et, dans ces jours néfastes, il acquit des titres impérissables au souvenir et à l'admiration de la postérité » (1).

On peut voir encore aux Alyscamps, ou plutôt dans ce qui reste de cette nécropole fameuse de la cité d'Arles, une pyramide sépulcrale sur laquelle sont gravés les noms vénérés des nombreux martyrs du dévouement civique et religieux durant le fléau dévastateur. Un autre monument, dont l'inscription rappelait les services de Jacques de Forbin et de son clergé, se voyait dans le cloître des Minimes ; mais les iconoclastes de 93, l'ont détruit. Le chanoine Bonnemant nous a heureusement conservé cette expression touchante de la reconnaissance des Arlésiens pour leur pasteur et pour ses dévoués auxiliaires (2).

(1) *Ultramontains et Gallicans au XVIIIe s.* p. 123-125.

(2) Voici cette inscription : D. O. M. — *Siste viator et mirare — Religiosorum ordinum generosos. — Athletas. — In hoc pestiferis destinato cœnobio. — Fervidæ caritatis igne lucentes. — Et ardentes. — Dignum Deo et Angelis spectaculum. — Anno* 1720 et 1721 *dum deflebat Arelas. — Cives dilectos atroci lue contactos. — Pro ovibus suis dabat animan suam. — Illust. ac nobil. D. Dnus. — Jacobus de Forbin de Janson. — Pastor Bonus. — Tanto cœlitus servato archipræsule. — Duce et pastore. — Percutiuntur variorum ordinum. — Religiosi milites. — E Sacris Prædicatorum, Augustinorum. — Carmelitarum et Augustinianorum. — Excalceatorum. — Recollectorum et Capucinorum. — Familiis. — Pestiferis inservientes. — Et caritatis martyres gloriosi. — Coronati. — Ad veros evolant Elysios campos. — Quorum piæ æternæ que memoriæ. — Perenne hoc monu mentum positum est. — Anno Dni* 1726.

Enfin, chaque année le peuple d'Arles faisait une procession solennelle en l'honneur de saint Roch pour remercier le Seigneur de la délivrance de la peste, et le maire, assisté des conseillers municipaux, devait dans l'église du collège des Jésuites, le 1er janvier, renouveller le vœu, fait à saint François Régis par les consuls de 1721. La persécution dont souffre aujourd'hui l'Eglise de France a seule pu arrêter, momentanément nous l'espérons, cette touchante manifestation de la reconnaissance séculaire de la ville d'Arles.

VII

A peine les Arlésiens se réjouissaient-ils de la disparition du cruel fléau, qu'ils se virent menacés de la même calamité dont ils avaient souffert avant la peste : l'invasion des sauterelles. D'inombrables légions de ces insectes, au corps noiratre et aux vigoureuses mandibules, avaient envahi les plaines fertiles qu'arrose le Rhône. Quand ces légions ailées prenaient leur vol, le soleil en était obscurci et le bruit métallique de leurs ailes retentissait au loin. C'était la ruine matérielle du pays par la famine, après les désolations de la mortalité par la peste. L'Archevêque, homme de foi simple et énergique, se tourna de nouveau vers le ciel et ordonna une procession générale où l'on porta les nombreuses reliques des saints protecteurs de la cité (1). Lui-même, les pieds nus et la corde au cou

(1) L'Eglise d'Arles est encore aujourd'hui une des plus riches de la France en corps saints et en reliques précieuses. On y voit entre autres les corps entiers ou presque entiers de saint Genès, martyr d'Arles, du saint évêque Virgile, du bienheureux cardinal Louis Allemand, de saint Bertulphe, abbé de Bobbio, de saint Roch ; le crâne de saint Etienne, apporté, dit-on, par saint Trophime ; puis des ossements considérables du même saint Trophime ; de saint Sébastien, du grand saint Antoine, de saint Didier de Vienne, des saints Césaire et Hilaire, de saint Honorat

suivait son peuple, qui chantait, sur un ton lamentable, le Ps. *In exitu.* Il prononça contre les sauterelles les exorcismes, en aspergeant d'eau bénite les champs à moitié ravagés. Le ciel écouta sa prière et celle de son peuple désolé et il s'éleva, après la procession, un mistral violent qui emporta au loin les insectes dévastateurs (1).

Rassuré enfin sur le sort de son peuple, Mgr de Forbin put se consacrer encore plus entièrement à l'administration de son vaste diocèse.

S'étant rendu, en 1725, à l'assemblée générale du clergé, il en fut nommé le second président, tant était grande l'estime que ses collègues avaient pour ses vertus et pour son dévouement aux bonnes doctrines. Secondé par Mgr. de Belsunce, son ami, il demanda aux prélats de France de décharger les six diocèses de la Provence les plus éprouvés par la peste, de tous les arrérages du décime imposé au clergé. Nous ne rapporterons pas le discours qu'il prononça dans cette occasion solennelle; mais il sut trouver le chemin des cœurs; car l'assemblée non seulement accueillit sa demande avec faveur, mais encore accorda un secours de 20,000 liv. à l'archidiocèse d'Arles.

A son retour de cette assemblée où il avait aussi combattu, avec son énergie habituelle, les mauvaises doctrines qui cherchaient à s'implanter en France, notre prélat vendit

de Lérins, de saint Fidèle, de sainte Anne, de sainte Marthe, de sainte Rusticule, abbesse d'Arles, des saintes Maries de la Camargue; un crâne des saints Innocents et une grande quantité d'ossements confondus au moment de la Révolution, et dont le Seigneur seul connait les noms et l'origine. V. l'intéressante notice intitulée : *Les reliques conservées dans la basilique primatiale de Saint-Trophime d'Arles*, par M. l'archiprêtre Bernard. Avignon, Seguin, 1884, in-32 de 44 p.

(1) « Il ordonna les mêmes prières, nous apprend Bonnemant, lorsque les poux noirs dévorèrent les blés et amenèrent la famine dans Arles. A cette occasion, il ordonna l'exposition du T.-S. Sacrement, chaque jeudi, dans une église de la cité, à tour de rôle; ce qui s'observe encore aujourd'hui »

au prix de 10,000 écus (30,000 liv.) la principauté de Montdragon dans le Comtat-Vénaissin ; mais en réservant à son siège la qualité et les droits de prince feudataire.

Il lui avait fallu pour cet acte important le consentement du roi et du chapitre d'Arles, avec l'assurance que le prix de la vente serait placé sur un fond produisant douze à treize cents livres de rente, cependant il put employer cette somme de 10,000 écus, au soulagement des ouvriers malheureux, en la consacrant à la construction d'une villa pour les archevêques d'Arles dans le quartier de Raphèle (1).

En cette même année 1725, Mgr de Janson ayant perdu Messire Lecamus, son grand-vicaire, eut l'heureuse pensée de le remplacer par l'un des ecclésiastiques les plus pieux et les plus doctes du Comtat-Venaissin. Nous voulons parler de l'abbé d'Orléans de la Motte, alors chanoine théologal de Carpentras et qui devint plus tard évêque d'Amiens. Les pieux missionnaires avignonais de Notre-Dame de Sainte-Garde (2) lui avaient fait connaître ce saint prêtre et l'Archevêque n'épargna aucune démarche pour le décider à accepter la charge de grand-vicaire.

Voici un court résumé des œuvres de zèle accomplies par le nouveau dignitaire de l'église d'Arles. « L'abbé de la Motte, écrit M. d'Argnies, porta dans ce nouvel emploi toute l'activité qu'on avait jusqu'alors admirée dans sa conduite. Sans rien retrancher de ses exercices de piété, il ne fit qu'en changer l'ordre pour se conformer à celui de la maison de M. l'Archevêque chez qui il demeurait. Il lui fut impossible de se répandre au dehors dans les

(1) Elle existe encore et s'appelle la *Jansonne*. C'est un grand bâtiment rectangulaire, tout en pierres de taille, flanqué de deux ailes et élevé d'un étage légèrement terrassé avec balcons sur ses quatre façades. On y voit encore les armes des Forbins.

(2) Ils furent fondés à Saint-Didier, près de Carpentras, par le V. curé Martin, en 1700 et réunis en congrégation diocésaine par le V. prêtre Bertet. — Voir *Notre-Dame de Sainte-Garde*. par Barjavel, Carpentras 1864, et *Vie de M. Laurent Bertet*, in-12. Avignon 1758.

missions, comme il l'avait fait, étant théologal. La nature du travail dont il était chargé demandait une exacte résidence ; mais quelque occupé qu'il fut au gouvernement du diocèse, il trouvait du temps encore à l'exercice de son zèle. Ainsi il accepta la supériorité des Carmelites d'Arles et il n'est point de services dans l'ordre spirituel qu'elles ne reçurent de cet homme de Dieu.

« Le soin des jeunes ecclésiastiques attira aussi son attention ; c'étaient des instructions, des conférences, une vigilance à laquelle rien n'échappait. Il n'oublia pas même alors l'instruction familière du peuple. Les dimanches, il se rendait à la paroisse de Saint-Martin, où se trouvait le Séminaire conduit alors par M. M. de Sainte-Garde (1) ; il y faisait, après les vêpres, des conférences sur les matières de la morale chrétienne. L'auditoire était toujours nombreux ; par là il répandait l'esprit de religion dans toutes les familles de ce vaste quartier.

« Il parut surtout avoir une grâce particulière pour pacifier les différents et bannir les discordes. On ne résistait pas à la force des raisons qu'il apportait et encore moins à la manière dont il les présentait ; c'est la réputation qu'il se fit d'abord à Arles. On le vit se prêter avec empressement à tout ce que la charité et la bienfaisance peuvent inspirer de procédés utiles au prochain. Il prit par là sur tous les esprits un ascendant dont il se servait avantageusement pour entretenir l'union et la concorde (2).

L'Archevêque d'Arles, heureux du choix d'un vicaire-général si accompli, lui donna toute sa confiance et ne faisait rien d'important sans le consulter. Dans son synode de 1727 (3), il chargea messire de la Motte de rédiger les statuts nouveaux qu'il ajouta à ceux de ses prédé-

(1) La villa construite par l'Archevêque était voisine du Séminaire de MM. de Sainte-Garde.

(2) *Mémoires sur Mgr d'Orléans de la Motte*. T. 1, 53-55.

(3) V. Boche, livre de la Sacristie, Archives d'Arles.

cesseurs. Cette même année 1727, ne pouvant se rendre au concile d'Embrun, puisqu'il était métropolitain d'une autre province, Jacques de Forbin y envoya son vicaire général, se contentant de prescrire une oraison spéciale à ses prêtres pour l'heureuse issue de cette assemblée canonique (1). On sait que l'abbé de la Motte y montra toute sa science théologique et son habileté de controversiste. Aussi, après la déposition de Jean Soanen, l'évêque janséniste de Senez, fut-il chargé de gouverner ce diocèse. Il montra tant de zèle, de tact et de prudence dans cette administration difficile, que deux années après, il montait sur le siège important d'Amiens (2).

Malgré le départ de ce précieux auxiliaire, notre prélat continua ses œuvres de zèle pour le bien de son diocèse. Poursuivant la pieuse pensée de l'un de ses plus illustres prédécesseurs, Mgr François de Grignan, qni avait légué un fond de 2,000 livres pour procurer, tous les dix-huit ans, le bienfait d'une mission à ses diocésains, Jacques de Forbin la confia, en 1729, aux Pères Jésuites, dont le zèle apostolique et la parfaite orthodoxie lui était bien connus. Elle fut prêchée, simultanément dans les trois églises de Saint-Trophime, de Notre-Dame-la Major et de Sainte-Croix. Le 7 janvier 1730, eut lieu la clôture de cette mission qui avait produit de grands fruits de salut. Une procession générale parcourut les voies de l'antique cité et se termina par la plantation solennelle d'une croix à la porte de la Cavalerie. « Dans cette mission, écrit le chanoine Bonnemant, on établit l'adoration perpétuelle du Très-Saint Sacrement, qui se fait alternativement chaque jour dans les paroisses de la ville. »

Le même chroniqueur ajoute : « Alors furent reprises les Conférences ecclésiastiques qui se faisaient, chaque mois, dans tous le diocèse, divisé, pour cet effet, en

(1) *Mémoires sur Mgr de la Motte*. T. 1.
(2) Boche, livre de la Sacristie, ibidem.

plusieurs sections. M. l'abbé de la Motte, depuis évêque d'Amiens et alors vicaire-général et official métropolitain de l'Archevêché, en avait eu la direction et en publiait le résultat au commencement de la Conférence suivante. Il fut remplacé par M. Sabatier, théologal (1). »

VIII

L'administration d'un grand diocèse n'empêchait pas Mgr de Forbin-Janson de suivre d'un œil attentif les progrès de l'hérésie janséniste et de réclamer énergiquement contre les entraves imposées par le conseil du roi à l'action légitime des évêques de France dans leurs diocèses. En 1720, en pleine peste, il avait publié hardiment un bref du Pape, malgré la singulière défense faite par le Régent de faire connaître, sans son autorisation, les décrets du Souverain-Pontife. En 1732, le cardinal de Fleury crut pouvoir pacifier les querelles religieuses de l'époque en imposant,de par le Roi, silence aux catholiques comme aux jansénistes. Notre archevêque ne put, dans l'ardeur de sa foi, se résigner à se rôle de chien muet dont parle l'Ecriture (2) et, encouragé par son illustre suffragant de de Marseille (3), il protesta lui et huit autres prélats de Provence contre l'arrêt du Conseil du Roi (26 janvier 1734),

(1) *Mémoires (mss) sur l'Eglise d'Arles*, T. IV, ch.

(2) Isaie, LVI, 10.

(3) Voici ce qu'écrivait le courageux Belsunce au cardinal de Fleury, le 22 juillet 1732 : « .... L'épiscopat est attaqué de front ; si dans un tems où l'on ose tout, il paroit que vostre Eminence ne soutient pas les Evesques et qu'Elle laisse agir contre eux, nous serons bientôt sans autorité et dans le mépris, et la religion est perdue. Je vous coniure, Monseigneur, d'y faire attention et de ne pas souffrir que les mandements des Evesques soient les seuls ouvrages qu'il soit défendu de faire paraître à Paris.... » Autographe du cabinet de M. de Clapiers.

qui supprimait plusieurs ouvrages écrits pour la défense de la bulle *Unigenitus*.

« Il écrivit au Cardinal-ministre, dit L. Remacle, pour lui représenter que, par ces dernières décisions du Conseil, l'erreur était confondue avec la vérité dans une même condamnation ; il s'élevait en même temps contre le silence imposé par ces décisions ; silence qu'il soutenait avoir toujours été d'un funeste effet en matière de foi. Le Cardinal répondit à ces réclamations, par un arrêt du Conseil du 14 août, qui blâma le concert des évêques signataires de la lettre incriminée, comme contraire aux lois et aux usages du royaume, et ordonna la suppression de cette protestation. Cet échec ne découragea ni Mgr de Forbin-Janson, ni ses adhérents et tous ensemble se promirent de porter leurs réclamations à la première réunion de l'Assemblée générale du clergé, où elles auraient été difficilement étouffées. Mais leur projet fut déjoué par l'adresse du cardinal de Fleury, qui réussit à empêcher qu'aucun d'eux ne fut député à l'Assemblée (1). »

L'Archevêque d'Arles devait porter plus loin encore, en 1732, cette sainte hardiesse contre les préjugés gallicans de l'époque et les empiétements déplorables des parlements dans les matières religieuses. Mais, avant de parler de cet acte courageux qui lui valut les honneurs de l'exil, disons qu'il reçut en 1731, une consolation inattendue. Mgr de Belsunce, qui lui était tendrement attaché par les liens d'une profonde et respectueuse amitié, venait de recevoir du pape Clément XII le privilège personnel du *Pallium*. Le souverain Pontife avait voulu, par cette faveur insigne, récompenser la conduite héroïque de l'Evêque de Marseille pendant la peste de 1720. Ce fut le 30 novembre, dans la chapelle de l'Archevêché, ornée comme aux plus grands jours, que Jacques de Forbin

(1) *Ultramontains et Gallicans*, p. 152

plaça sur les épaules de Henri de Belsunce cet ornement sacré, réservé, on le sait, aux seuls métropolitains (1). Ces deux champions de la cause catholique s'animèrent l'un l'autre à poursuivre le bon combat contre les ennemis de la foi, dont les doctrines si dangereuses devaient, avant la fin du siècle, aboutir à la Constitution civile du clergé et au renversement de la religion en France.

Dans cette même année 1731, l'archevêque d'Arles qui ne dédaignait pas, pour éclairer ses ouailles et pour démasquer les sectaires d'employer quelquefois l'arme du ridicule, fit réimprimer une comédie, attribuée à un Jésuite (2) et qui portait le titre significatif de : *La Femme docteur ou la théologie tombée en quenouille.* Elle représentait, dans une forme populaire, les directeurs jansénistes avec toute l'hypocrisie et la scélératesse d'un Tartufe; les dames et demoiselles du parti avec le ridicule des *femmes savantes* de Molière et les avocats du temps avec l'outrecuidance et le bavardage des *Plaideurs* de Racine. Cette publication irrita fort tous les sectaires qui n'aimaient pas voir tournés en ridicules leurs grands airs de dévotion et leurs interminables et subtiles discussions sur les matières de la grâce. Aussi firent-ils tous leurs efforts pour la supprimer, et le prévôt des marchands de Lyon, cédant à leurs suggestions, ordonna d'en saisir les exemplaires; mais pas assez tôt pour qu'il ne s'en répandit un bon nombre dans le public catholique (3).

Nous ne savons pas d'une manière précise si c'est à cette époque que Jacques de Forbin donna une bonne

(1) Bonnemant rapporte que peu auparavant l'Archevêque d'Arles avait remis le *Pallium* à Mgr de Brancas élevé en 1729 sur le siège métropolitain d'Aix. — *Mémoires sur l'Eglise d'Arles*, IV.

(2) Les *Nouvelles Ecclésiastiques*, année 1731, attribuent cette pièce au P. Danton.

(3) Cette brochure porte ces mots : Imprimé à Liège (Lyon) chez la Vve Procartur, au Vieux Marché, 1730.

leçon aux Oratoriens jansénistes d'Arles. Elle montre, avec le ton original de son esprit, la vivacité de ses sentiments catholiques. C'était à une procession de la Fête-Dieu. L'archevêque qui portait sous le dais le T.-S. Sacrement passait, avec son magnifique cortège, devant la maison de l'Oratoire dont il avait dû suspendre *a sacris* les professeurs; car presque tous les Oratoriens étaient alors, comme nous l'avons dit, appelants de la bulle *Unigenitus* au futur concile. Cependant ces prêtres si obstinément rebelles aux enseignements de Vicaire de Jésus-Christ, se prosternaient jusqu'à terre devant la divine hostie, dans ces attitudes de profonde adoration que les Jansénistes affectaient en public. L'archevêque les aperçoit, s'arrête et élevant l'ostensoir, il leur dit d'une voix forte et pénétrante ces paroles de l'hymne de Saint-Thomas que l'on chantait autour de lui : « *Sola fides sufficit!* » Puis, sans les bénir, il continue sa marche. C'était un solennel avertissement, et tous les catholiques d'Arles approuvèrent cette parole énergique de leur pasteur (1).

IX

Parlons maintenant du fameux mandement qui fut la la cause de son exil. Clément XII venait de monter sur la chaire de saint Pierre et il avait, selon la coutume, accordé, à cette occasion, un jubilé universel. Mgr de Forbin-Janson lui demanda d'étendre ce jubilé au diocèse d'Arles; car dans le royaume très chrétien, les conseillers du Prince n'avaient pas encore donné la permission de le célébrer,

(1) Ce fait, bien connu dans Arles, nous a été rapporté par M. Robolly, ancien archiviste de cette ville et qui le tenait de son père et de son grand-père, archivistes zélés comme lui.

parce que le Pape en avait exclu les appelants de la Bulle Clément XII se hâta naturellement d'accorder au pieux prélat cette autorisation, qui était d'ailleurs de droit commun. Le 5 septembre 1732, Jacques de Forbin publia un assez long mandement (1) pour annoncer à son peuple cette faveur spirituelle. Profitant même de cette circonstances, il voulut, comme il s'exprimait, décharger son cœur et sa conscience d'Evêque en disant ouvertement au Cardinal-Ministre et au Roi lui-même que leurs demi-mesures perdaient la religion en France. Ecoutons-le :

« .... Ce qui nous a consterné par dessus tout le reste, M. T. Chers Frères, ç'a été de voir que notre religieux souverain aît rendu divers arrêts dans,son conseil suprême pour condamner et supprimer différents ouvrages composés par les plus courageux défenseurs de la vérité, ce qui a fait triompher les partisans de l'erreur et du mensonge, de sorte que, dans une si déplorable situation, il ne nous reste plus pour ainsi dire, qu'à nous écrier avec le saint homme Job : « Grand Dieu ! le plus grand malheur que nous appréhendions vient de nous arriver ». En effet, M. T. Chers Frères, en faisant réflexion sur les arrêts réitérés du conseil d'Etat du Roy pour condamner quelques mandements et instructions pastorales de Mgr l'Archevêque d'Embrun, ceux de Mgr l'Evêque-Duc de Laon et singulièrement sa petite feuille des cas réservés à N. S. Père le Pape, ainsi que ceux qu'il s'est réservé à luy même, ne devons-nous pas frémir, de crainte que l'on ne veuille insensiblement attribuer au Roy sur notre Eglise Gallicane une espèce de *suprématie* approchante de celle de l'Angleterre. Que si le corps pastoral continue de gar-

(1) In fol, de 5 p. Bibl. de M. le marquis Forbin d'Oppède.
Le curé de N.-D. de la Major d'Arles, le vénérable M. Gaudion, toujours si jaloux de conserver les bonnes traditions de sa ville natale, a fait réimprimer, ce mandement chez Seguin, Avignon, en une brochure de 16 pages.

der sur cela le silence, qu'allons-nous devenir, aussi bien que la religion elle-même ? Au lieu qu'en faisant de justes et respectueuses représentations à cet important sujet, nous délivrerons au moins nos âmes, n'étant pas possible de disconvenir que nous voilà précisément dans le cas où il faut que quelqu'espèce de désordre amène un ordre de façon ou d'autre. Sans quoi la tolérance d'une religion nouvelle, aussi pernicieuse en toute manière que l'est le *Jansénisme*, ne pourroit manquer d'exciter, tôt ou tard, quelqu'affreux bouleversement dans l'Etat luy même, de quoi nous avons actuellement sous les yeux de funestes préludes, qui percent le cœur à tous les bons François, et qu'un bel esprit de notre ville a merveilleusement dépeints dont les vers qui suivent :

De la vertu, Paris, tu n'es plus un azyle,
Aujourd'huy trop superbe ville
Tes peuples sont sourds à la voix
Et des pontifes et des Roys.
Thémis, j'implore ta vengeance,
Contre ce rebelle troupeau,
N'en connois-tu pas l'arrogance ?
Mais non, je ne vois plus dans tes mains la balance,
Pourquoi devant tes yeux gardes-tu ton bandeau ?

On le voit, le bon Archevêque mêlait les vers à la prose pour frapper davantage l'esprit de ses auditeurs, et il s'écriait ensuite : « Qu'est devenue la vigueur du Gouvernement gaulois et l'attachement de nos pères pour les décisions de l'Eglise, notre commune mère ? Qu'est devenu le temps où le grand Henry de Bourbon, premier prince du sang royal, en 1644, ne tenait pas au-dessous de lui d'écrire à un simple docteur de Sorbonne : « Je vous proteste, Monsieur, que je veux vivre et mourir catholique et je ne soumets ma foi à nul autre docteur qu'à celui que Notre Seigneur a élu pour son Vicaire, aux résolutions duquel, dans la foi catholique je me soumets pour jamais. Suivons un si glorieux exemple M. T.

Chers Frères, nous souvenant qu'il faut nécessairement que la prédiction de notre divin Sauveur s'accomplisse : Tout royaume divisé, principalement en matière de doctrine nécessaire au salut, sera désolé, parce que comme Jésus-Christ dit ailleurs : le ciel et la terre passeront, mais la vérité de mes paroles ne passera pas ».

Le zélé Prélat fait ensuite connaître à ses diocésains les motifs qui l'ont porté à rompre le silence si fortement recommandé par le prince et ses conseillers. « C'est pour remplir une obligation étroite, M. T. Chers Frères, que je vous parle de la sorte. Nulle vue humaine, grâces à Dieu, ne me fait agir en cette délicate occasion. Vous sentez assez qu'un tel langage n'a pour principe que la vive persuasion qui m'inspire. *Credidi propter quod locutus sum.* Et dans le temps que vous m'entendez m'élever plus fortement contre la nouveautè et contre les novateurs, mon cœur n'en est pas moins rempli de tendresse et de charité pour le salut de mes frères, que je voudrois procurer et que je cherche. *Quœro fratres meos.* L'on ne laissera pourtant pas de me prêter des intentions bien contraires. Je prévois même qu'il me faudra dans peu aller à Paris pour y rendre compte de ma conduite touchant ce que je fais maintenant.... Que si je n'ai pas cru devoir déférer aux exhortations réitérées des ministres du Roy qui n'ont rien négligé pour me dissuader d'agir en cette délicate et critique conjoncture, n'est-il pas vrai qu'en n'observant pas la lettre qui tue, j'ai suivi foncièrement les pieuses intentions de notre auguste souverain, qui en qualité de *Fils aîné* de l'Eglise catholique, apostolique et romaine, notre commune mère, a déclaré tant et tant de fois prétendre que la belle *Unigenitus* eùt irrévocablement force de loi dans son empire comme dans l'Eglise elle même ? D'ailleurs M. T. Chers Frères, convenait-il à la dignité de votre premier pasteur, en ce diocèse, que je me tusse, après avoir obtenu du Souverain-Pontife les faveurs purement spirituelles que je lui avois demandées pour notre commune sanctification, ou pouvois-je vous les laisser ignorer ?..... Enfin, M. T. Chers Frères, ayant l'honneur de succéder, quoique bien indignes, à tant de saints et d'illustres prédécesseurs qui ont fait, pendant une si longue suite de siècles, fonctions de *Vicaires Apostoliques* dans nos Gaules, ne semble-t-il pas que j'ai dû m'expliquer dans toute la confiance et la liberté que je viens de faire sur nos déplorables divisions ecclésiastiques ? N'est-ce point dans cette vue que le commun Père des croyants, Clément XII, qui gouverne aujourd'hui l'Eglise universelle avec autant de force que de sagesse, a bien voulu me répondre par un de ses principaux ministres, pour m'exhorter à redoubler de zèle, afin de soutenir la cause de Jesus-Christ ?... »

Qui ne serait touché de ce langage si parfaitement catholique et si conforme, plus de cent trente ans d'avance, aux enseignements du dernier concile général du Vatican. A la fin de cet énergique mandement, le zélé pontife ne craignit pas, dans sa sollicitude pour la pureté des mœurs de ses ouailles, de s'attaquer aux modes ridicules et indécentes de l'époque, Il disait avec sa verve méridionale, à propos des *paniers* que portaient alors les grandes dames et que nous avons revus de nos jours sous une forme encore plus excentrique : « Nous nous croyons obligés, N. T. Ch. Frères, de défendre dans nos églises aux personnes du sexe et, notamment pour l'approche des sacrements, l'usage de leurs *vilains paniers* que nos anciens poëtes *troubadours* auraient justement appelés *Crébécéos de Magagne* et *Banastos d'Infer* (1), qui méritent le nom humiliant d'*Opercula iniquitatis*,

(1) Couvercles de saletés et corbeille d'enfer — *Crébécéos* (couvercle). C'est le pluriel féminin de ce mot, que, dans le dialecte provençal de Marseille, nous exprimerions par *Cabucellos*. —Voir *Lou trésor d'ou Felibrige*, par F. Mistral au mot *Curbecello*, — La *Banasto* est la corbeille dont on se sert pour porter les fruits au marché dans toute la Provence.

c'est-à-dire *commodes d'iniquité* ; et pour engager les véritables chrétiennes à abhorrer cette diabolique parure, il devrait suffire de leur rappeler ici le souvenir honteux qui introduisit une si détestable mode, à laquelle les jeunes personnes renoncent d'avance par leurs parrains et leurs marraines, qui répondent aux interrogats du saint baptême que leur confère le ministre de l'Eglise... »

Il est difficile d'imaginer aujourd'hui l'effet produit par ce courageux mandement non seulement en Provence mais dans toute la France. Ce fut surtout un scandale pour les Jansénistes qu'il visait directement en plusieurs endroits. Les parlementaires et les conseilers du roi n'en furent pas moins irrités. Même dans la partie encore saine du clergé, l'archevêque d'Arles passa pour un prélat exagéré et peu respectueux des prérogatives royales, tant, par les préjugés de cette malheureuse époque, on s'était éloigné des principes du véritable catholicisme. Publier sans l'agrément du pouvoir royal, les paroles du Souverain Pontife et les faveurs qu'il accordait aux fidèles, était un crime de lèse-majesté.

En effet Jacques de Forbin fut frappé aussitôt, comme criminel d'Etat, et par le roi et par le parlement. Pendant que la cour souveraine d'Aix faisait lacérer et brûler par le bourreau ce mandement, après l'avoir supprimé, le 18 septembre 1732 (1), et qualifié comme le plus horrible des libelles, une lettre de cachet exilait, dans les 24 heures, l'archevêque d'Arles à son abbaye de St-Valéry-sur-Somme, en Picardie, et lui défendait d'approcher de dix lieux de Paris.

Le digne prélat supporta avec son énergie habituelle cette punition imméritée et comme l'officier, chargé de la lui notifier, lui donnait avec tous ses titres celui de conseil-

(1) Cet arrêt ne fut publié qu'à la fin de l'année jubilaire, ce qui permit aux Arlésiens de le gagner. Les deux curés des Martigues n'ayant osé lire en chaire ce mandement, l'archevêque, l'ayant appris, se rendit aux Martigues pour les y contraindre.

ler du roi dans tous ses conseils, il l'interrompit par cette saillie spirituelle : « Ce n'est pourtant pas moi qui lui ait conseillé cette lettre de cachet. » On ne pouvait accepter plus joyeusement une pareille disgrace. Elle ne put d'ailleurs l'empêcher de poursuivre encore les Jansénistes de son diocèse, et, avant de partir pour l'exil, il interdit de nouveau aux Oratoriens, qui avaient maintenu leur appel, l'administration des sacrements, en faisant toutefois une exception pour le curé de la paroisse de Sainte-Anne (1). Il porta la même peine contre les Doctrinaires de Beaucaire (1) et contre trois Carmes déchaussés d'Arles, qui partageaient les mêmes erreurs.

Les Jansénistes, comme les Parlementaires laissèrent éclater une joie indécente à l'occasion de l'exil qui frappait leur intrépide adversaire ; tandis que tous les catholiques lui firent à son départ une sorte d'ovation. Arrivé au monastère de St-Valéry, le confesseur de la foi reconnut que les Bénédictins de la congrégation de St-Maur était tous appelants. Il comprit dès lors que son exil lui serait doublement pénible ; mais son zèle pour la bonne cause n'en fut que plus animé. Le prieur étant venu lui présenter ses hommages, le prélat lui dit avec sa rondeur habituelle : « Vous êtes donc Appelant, mon père, c'est-à-dire hérétique, excommunié, rebelle à l'Eglise ; car enfin elle a parlé par la bouche de tous les évêques unies au Pape, le père commun des fidèles. Je ne puis donc avoir de com-

(1) Le chanoine Bonnemant, raconte un trait qui marque bien le caractère vif et ouvert de Jacques de Forbin. Un matin, voyant sortir de l'église située en face de l'Archevêché un bénéficier de sa métropole, il pensa qu'il venait de célébrer la messe. Aussitôt il le fait appeler et lui dit en provençal : « Mon bon, tu es fou d'aller dire la messe chez ces hérétiques. — Eh, Mgr, répondit non sans malice le prêtre qui était obligé, en vertu de son bénéfice, de célébrer une messe par semaine dans cette église, si toutes les messes ne valent rien à Saint-Anne, faut-il bien que de temps à autre, il y en une qui soit bonne. — Je ne te croyais pas, dit en riant le bon prélat, si fort répliqueur, mon bon ; vas-y mais ne te laisse pas endiabler, « *Mémoires sur l'Eglise d'Arles*, *T. IV*.

munication avec vous *in divinis*. Le prieur dédaigna, disent superbement les *Nouvelles ecclesiastiques*, de répondre théologiquement à cet amas de fausseté et d'injures (1). Ce silence peu respectueux ne découragea point l'excellent pontife, qui voulait ramener à la vérité catholique le moine janséniste. Il lui disait dans l'effusion de son cœur plein de charité fraternelle : « Dieu m'a envoyé ici, cher père, pour vous convertir. Croyez-moi ; il vous dira au jugement dernier: Je t'avois envoïé ce bon evesque d'Arles pour te faire tomber les écailles des yeux et tu n'as voulu te rendre à ses raisonnements, à ses prières. »

Il n'y avait pas de caresses, pas de prévenances que le prélat exilé n'employât pour gagner ce cœur obstiné, pour le supplier de songer au salut de son âme. Un jour même, il se jetta aux genoux de l'invincible Prieur pour vaincre sa résistance. « Donnez-moi, disait-il en l'embrassant, cette satisfaction ; dans le moment, j'enverrai la démission de mon archevêché ; je vivrais avec vous jusqu'à la mort, plus soumis qu'aucun de vos religieux. Je suivrai le plan de vie que vous me donnerez et vous disposerez de tous les revenus de l'abbaye. » Une autre fois, après une longue discussion sur la Constitution *Unigenitus*, il ajoutait : « Acceptez la bulle ; si vous avez des scrupules. je me charge de tout devant Dieu. — Cette caution est peu sûre, dit fièrement le Prieur, et il cita un passage de saint Augustin, disant qu'une assurance donnée par l'économe de la maison ne sert de rien, si elle n'est ratifiée par le Père de famille.—Et c'est moy, reprit M. d'Arles, qui suis le Père de famille.— Non pas. s'il vous plaît, répondit vivement le Prieur, c'est Jésus-Christ qui dit aussi dans son Evangile : « Si un aveugle en conduit un autre, ils tombent dans la fosse ». Le zélé archevêque ne pouvant rien obtenir de ce sectaire endurci, demanda à la cour la

(1) Année 1733, p. 24-24.

permission de loger au presbytère. Le comte de Florentin comprit enfin ce que cette situation avait d'odieux et pria le général de la Congrégation de Saint-Maur de remplacer les Bénédictins de Saint-Valery par des moines orthodoxes. (1)

L'exil de notre prélat fut d'ailleurs assez court ; il ne dura que quelques mois : car le chapitre de sa cathédrale et tout le clergé catholique du diocèse d'Arles sollicitaient vivement le retour de leur pasteur, qu'ils considéraient avec raison, malgré la vivacité et les inégalités de son caractère, comme le champion de la vérité catholique. (2) Il ne paraît pas d'ailleurs, remarque L. Remacle, que la disgrace eût abattu ou refroidi l'ardeur de son zèle ; à peine sorti de son exil, à la fin de 1732, il répondait au cardinal de Fleury qui le complimentait sur la belle apparence de sa santé, par ce proverbe provençal : « Monseigneur, à cheval maudit, le poil reluit ». Après quelques mois de séjour dans la capitale, Jacques de Forbin rentrait à Arles le jour de la Pentecôte 1733.

X

Ayant repris paisiblement l'administration de son diocèse, l'archevêque Forbin de Janson s'associa, en 1734, à la protestation que firent les métropolitains d'Aix et d'Embrun, avec les évêques de Laon, de Sisteron, de Digne et Belley contre l'arrêt du 26 janvier de cette année par lequel le parlement d'Aix poursuivait sa lutte contre les prélats catholiques de Provence, en supprimant le mandement de

(1) Année 1733, p. 24-25.

(2) *Ultramontains et Gallicans*, p. 158, 159. Les consuls d'Arles, attachés aux nouvelles doctrines, avaient, au contraire, désapprouvé publiquement leur Archevêque, en refusant d'assister à la procession du Jubilé.

Mgr de Belsunce, sur les fausses libertés de l'Eglise gallicane et la réfutation faite par Mgr Lafitau, évêque de Sisteron, des anecdotes jansénistes sur le concile d'Embrun.

Deux années plus tard, il eut la tristesse de voir mourir à Arles (26 juin 1736) son inflexible adversaire, Mgr Honoré de Quiqueran de Beaujeu, qui refusa, même à ce moment solennel, de reconnaître ses déplorables erreurs et de faire sa soumission au Souverain-Pontife.

Jacques de Forbin dut, pour sauvegarder les droits de la vérité catholique, interdire à tous les membres de son clergé d'administrer les derniers sacrements à ce prélat, si obstiné dans l'hérésie et qui, malgré ses 81 ans, eut encore malheureusement assez de force pour résister à toutes les sollicitations et exhortations qu'on lui adressait dans l'intérêt du salut de son âme.

Néanmoins, le funérailles de l'Evêque de Castres furent très-solennelles. Sa famille occupait dans Arles une situation prépondérante, et il avait montré pour sa ville natale un grand dévouement qui se traduisit, durant la peste, nous l'avons dit, par d'abondants secours en nature et en argent.

Il faut de plus l'avouer, le Jansénisme, malgré la guerre incessante que lui faisait Mgr de Forbin, progressait sensiblement à Arles, comme dans presque tous les diocèses de France. Aussi notre prélat ne put-il s'opposer à la splendeur funèbre de ces obsèques d'un évêque mort hors de la communion du Saint-Siége. Le petit neveu du défunt, M. de Viguier, premier consul d'Arles conduisait lui même le deuil auquel toute la ville s'associa. (1)

(1) On décida même de faire sonner le bourdon de la cathédrale au moment des funérailles, honneur qui n'était dû qu'au roi et à l'archevêque, et comme Mgr de Janson se récriait, demandant ce què l'on pourrait faire de plus à sa mort, quelques chanoines jansénistes eurent l'insolence de répondre : « Pour lors toutes les cloches d'Arles sonneront à volée. »

La conduite du métropolitain d'Arles, quoique parfaitement correcte au point de vue catholique, ne fut pas approuvée par le cardinal de Fleury et par l'archevêque de Paris, Mgr de Vintimille, tous deux fort modérés d'allures dans les questions religieuses et cherchant toujours, mais sans grand succès, à maintenir entre les Jansénistes et les Catholiques une balance à peu près égale.

Voici la lettre du Cardinal-Ministre à M. de Viguier, où il le loue de n'avoir point réclamé l'appui du Parlement pour faire apporter, *manu militari*, les sacrements à son grand oncle:

«*Compiègne, 8 juillet 1736.*

« Je vous remercie, Monsieur, du détail que vous avés bien voulu me faire de ce qui s'est passé à l'occasion de la mort de l'Evêque de Castres. Je ne puis que louer votre sagesse de n'avoir pas poussé plus loin, l'affaire en question. J'aurois l'honneur d'en rendre compte au Roy pour voir le parti que sa Majesté trouvera à propos de prendre à cet égard. Je vous prie d'être persuadé des sentiments que j'ai pour vous,

« Le Cardinal de Fleury. » (1)

Quant à Mgr de Vintimille, il répondit en substance, à la consultation de l'Archevêque d'Arles. « Il eut été à désirer que M. de Castres fut mort dans son diocèse ; mais, M. d'Arles a eu un grand tort de lui refuser les Sacrements (2) et la Cour n'aime pas ces sortes d'excès surtout de la part des Evêques qui soutiennent la bonne cause. »(3) Il est aisé de comprendre combien l'erreur devait profiter de cette faiblesse des chefs du clergé de France, qui fai-

(1) *Nouvelles ecclésiastiques*, ıV, année 1734, p. 147.
(2) Son aumônier et un Dominicain janséniste l'administrèrent malgré l'Archevêque.
(3) *Nouv. eccll.* Ibidem.

saient de la politique là où il aurait fallu affirmer énergiquement les droits de la vérité catholique.

Jacques de Forbin cherchait à se consoler de cette recrudescence de la détestable hérésie, en favorisant de tout son pouvoir le développement des Œuvres diocésaines. Celle qu'il avait le plus à cœur était son grand séminaire. Nous avons vu qu'il dut l'enlever aux Oratoriens, à cause de leurs sentiments hérétiques, et le confier aux Missionnaires de Sainte-Garde d'Avignon. Leur fondateur, le vénérable M. Bertet, partageait tous les sentiments du Métropolitain d'Arles et il n'avait pu résister à ses supplications. « Aidez-moi, aidez-moi, lui disait le pieux Pontife ; ouvrez à mes jeunes ecclésiastiques une voie où ils ne soient plus exposés à sucer le lait d'une mauvaise doctrine. » Le succès fut complet, ajoute Bonnemant ; aussi Mgr de Forbin en tressaillit de joie et il le témoignait à M. Bertet, le regardant comme l'instrument de tous ces progrès dans le bien. Il l'apprit au Pape. et Clément XII lui répondit par un bref non moins glorieux pour lui que pour les Missionnaires de Sainte-Garde.» (1)

Ce fut au zèle pastoral de son Archevêque que la ville d'Arles dut l'établissement de la maison de la Providence pour l'éducation des demoiselles nobles et sans fortune ; l'hôpital des convalescents et celui des convalescentes ; mais surtout la fondation des Ecoles chrétiennes. Il convient d'en parler avec un peu plus de détail ; car ce fut le dernier service que Jacques de Forbin rendit à son diocése.

(1) Mémoires sur l'Eglise d'Arles, T. IV. — Bonnemant rapporte l'inscription suivante qui se trouvait au bas d'un portrait du prélat, dans le séminaire d'Arles : « Illmo D. D. Jacobo de Forbin de Janson. — Opt. Arelatensium Præsuli. — Quod S.Theologiam in hocce gymnasium tradendam instituerit. — Beneficentiæ ac patrocinii memor hanc tabulam. D. D. C. C. — An. MCCXXII. — Plus tard, en 1754, les Lazaristes remplacèrent les Gardistes ; mais le clergé d'Arles, qui estimait beaucoup ces pieux et modestes Missionnaires, se montra froissé de leur éloignement.

En 1740, deux pieux gentilshommes d'Arles, les sieurs Maurice de Montfort et Pierre de Battel, ayant appris les heureux succès des écoles fondées par le V. Jean-Baptiste de la Salle en différentes villes de France, offrirent au Viguier, Jacques de Roure, la somme de 12,000 livres pour appeler les Frères de la doctrine chrétienne dans leur ville natale. L'Archevêque s'asssocia généreusement à cette bonne œuvre en achetant, sur la paroisse Saint-Martin, une maison pour ces nouveaux institutenrs et pour leurs enfants. Le 20 octobre de la même année, les bons Frères venus d'Avignon et de Marseille (1) furent reçus par les deux gentilshommes au milieu de la foule du peuple qui les acclamaiont joyeusement. Monseigneur de Forbin avait voulu présider à leur installation et leur souhaita la bienvenue en ces termes que nous a conservés Bonnemant :

« Mes très-chers Frères, vous voïés l'empressement que l'on met à vous accueillir. Tous les visages sont épanouis d'allégresse. Je suis persuadé que le Seigneur bènira vos efforts. Vous venés pour instruire le pauvre peuple, cette portion si précieuse du troupeau de Jésus-Christ, que ce divin Pasteur chérissait tant et que vous aimés, comme notre Maître, du fond de vos entrailles. Nous tâcherons de vons aider à accomplir vos travaux autant que nous le pourrons tous. Comptés sur notre assistance, nous sommes vos sincères amis ». (2) Le directeur de la nouvelle école, le Frére Honorat, lui répondit modestement, après lui avoir présenté ses confrères Zachée et Ignace, qu'ils feraient tout leur possible pour mériter la confiance des Arlésiens, et il ajouta : « Nous serons heureux de faire le

(1) On s'était adressé, pour les avoir, au Frère Claude, directeur des Ecoles d'Avignon et au Frère Ambroise, supérieur des classes de la Roquette, à Marseille.— V. Reg. des délibérations municipales, aux Archives d'Arles.

(2) Ibidem.

bien, Monseigneur, en donnant aux enfants de cette ville une éducation véritablement chrétienne. Puisse le ciel nous aider favorablement et nous accorder la grâce de mériter votre approbation ! » (1) On ouvrit immédiatement trois classes et les enfants d'Arles y vinrent en foule. En peu de temps, on remarqua le plus heureux changement dans cette jeunesse turbulente, qui ne pensait jadis qu'à vagabonder, mais dont les excellents Frères firent bientôt des élèves studieux, assidus à la prière, respectueux pour leurs parents et surtout très-attachés à leurs maîtres.

XI

Cette heureuse fondation devait être la dernière du zélé pontife. Depuis plusieurs années déjà un ulcère intérieur, fruit de ses longues austérités, lui rongeait la poitrine et l'avertissait que sa fin n'était pas très éloignée. Néanmoins, toujours ardent pour procurer le bien de la réligion, il occupa la dernière année de sa vie à soutenir Mgr. Joseph Languet, le courageux archevêque de Sens, dans la longue et vive polémique soulevée par la publication du Catéchisme que cet intrépide champion de la foi catholique venait de composer pour l'instruction de son peuple et aussi pour combattre les maximes gallicanes.

Mais Jacques de Forbin eut bientôt de plus graves préoccupations. « Sentant, dit le Chan. Bonnemant, ses forces diminuer sur la fin de l'année 1740, le vénérable prélat comprit que la mort était proche. Le 2 janvier 1741, étant allé à l'Hôtel-de-Ville rendre aux Consuls la visite qu'il en avait reçue la veille, il leur an-

(1) Les Consuls et le Conseil de ville acceptèrent, par leur délibération du 21 août 1740, la donation des deux gentilshommes et la maison offerte par l'Archevêque.

nonça sa mort comme prochaine et par un discours d'un quart d'heure il leur recommanda instamment le zèle pour la religion et le bon ordre.... Les cruelles souffrances que lui causait son mal (un cancer à l'estomach) ne l'empêchèrent point de vaquer jusqu'au dernier jour à ses affaires, de remplir les devoirs de la charge pastorale. Mais le 13 janvier se trouvant toujours plus faible, il demanda les derniers sacrements qu'il reçut, en présence de son clergé, avec cette ardente et humble dévotion dont il avait donné tant de preuves durant son long épiscopat. » (1)

Dans l'après-midi, l'archevêque mourant, mais « dans ses bon sens, parole, mémoire, connaissance et entendement » fit son testament, par lequel il institua les pauvres ses héritiers, aprés la délivrance de quelques legs à ses domestiques. De toute sa parentée il n'y eut que sa nièce, la dame de Cauzan de Mauléon, supérieure des Ursulines d'Arles, qui reçut une modeste rente viagère de 200 liv. Il léguait aux Chanoines de la métropole « la grande croix pastorale qu'on porte devant luy » ; au séminaire sa chapelle d'argent doré,et au supérieur de cet établissement « les ouvrages du pape Clément XI qu'il a dans sa bibliothèque. » (2)

Après avoir mis ordre à ses affaires, le vénérable pontife n'eut plus une seule pensée pour la terre. Durant toute la nuit du 13 au 14 janvier il renouvella sans cesse par de ferventes aspirations son désir d'être réuni à ce Dieu qu'il avait servi avec tant de zèle et il expira, plein de jours et de mérites, à 9 h. du matin. Il était âgé, dit Véran, dans ses *Annales*, de 68 ans et avait gouverné durant près de trente années l'église d'Arles.

(1) *Mémoires sur l'Eglise d'Arles* T. IV — CXV.

(2) Voir aux Archives d'Arles ce testament reçu par le notaire roya J. B. Jehan. — Reg. *Eglise*, T. 1. GG, armoire 27.

Dès que les glas funèbres du bourdon de la métropole annoncèrent ce trépas attendu, mais que l'on croyait moins prochain, les pleurs coulérent de tous les yeux. Une explosion de douleur touchante se produisit sur tous les points de la cité. La foule ne cessa pas de se prosterner près des restes mortels de ce vrai père du peuple. Les chanoines qui entouraient le cercueil avaient peine à faire toucher les nombreux objets de piété qu'on leur présentait en foule. (1)

Son épitaphe qu'il avait fait graver depuis longtemps sur sa pierre tombale, (2) exprime bien l'humilité et la sincérité de son caractère, avec cette pointe d'originalité qu'il mêlait presque toujours aux plus saintes actions de sa vie. La voici dans toute sa simplicité :

Ci gist Jacques le pécheur
Qui gouverna ce diocèse
Tellement quellement.

Mais les exécuteurs testamentaires du prélat et toute la ville d'Arles protestèrent contre cet acte d'humilité posthume, et l'on substitua à cette courte inscription une épitaphe qui résuma, avec une juste louange, tout l'épiscopat de Mgr. de Forbin-Janson. (3)

(1) *Histoire de l'Eglise d'Arles*, T. IV, p. 230.

(2) Il y avait plus de 20 ans que l'archevêque avait fait venir de Marseille cette pierre tombale, tant la pensée de la mort lui était familière.

(3) Hic jacet Illmùs ae Rmùs D. D. Jacobus de Forbin-Janson, ecclesiæ Arelatensis Archpùs, Primas et Princeps, sana dotrina oves charissimas fovens, Religionis decus ac défensor, furente peste, commotis civibus, levans manus suas, et pèricula suis imminentia adiens incolumitatem et concordiam revocavit.

Agros devastante locustarum plaga, vepres inter cruentis incedens pedibus, iratum placuit Numen; instituendo clero, seu levandis pauperibus, opes, vires, dies consumpsit.

Quanto major, tanto sibi vilior, charitate in Deum œstuans, obiit die XIV janvarii, anno Dni MDCCXLI, vixit annis LXVIII. sedit annis XXX.

Patri suo hæredes pauperes posuerunt.

Lugete Pastorem, Heroem, Patrem.

Après les funérailles qui furent pompeuses à cause de sa dignité et du rang de sa famille, mais surtout bien touchantes par l'empressement du petit peuple et des pauvres, (1) M. l'abbé Joseph Amédée de Broglie, secondaire aux Martigues, (2) prononca dit Bonnemant, l'oraison funèbre du prélat défunt, dont le corps fut ensuite, enseveli, selon sa demande, dans le caveau que le Prévot de Roque-Martine avait fait préparer à l'entrée du chœur de la Primatiale de Saint Trophime.

La communauté d'Arles ordonna peu après un service solennel dans la cathédrale, dont les murs disparaissaient sous de riches tentures funèbres. On lisait ces mots sur la porte d'entrée.

Lugent
Arelas Pastorem
Relligio Défensorem
Pauperes Parentem. (3)

Le 18 janvier 1741, Messires Bertrand de Laval et Jean Francony, vicaires généraux capitulaires, annoncèrent par leur mandement (4), à tout le diocèse, la perte qu'il venait de faire. « . . . Il n'est plus pour nous ce grand archevêque, grand par sa naissance et par sa dignité, mais beaucoup plus grand par ses sentiments et par toutes les vertus qui peuvent rendre un pasteur agréable à Dieu et cher à son troupeau. Sur quoi nous ne pouvons rien vous dire qui ne soit de ce que vous avés appris, de ce que vous avés vu, de

(1) Il avait fait tant d'aumônes que sa fortune qui, à sa mort, montait a peine a 141,000 liv., ne fut pas suffisante pour remplir toutes ses charitables intentions.

(2) Il devint plus tard Evêque d'Angoulême.

(3) *Mémoires sur l'Eglise d'Arles*, T. IV — CXV —

(4) Voir ce mandement aux Archives d'Arles, armoire 27 — Eglise, T. 1, GG.

ce que vous avés éprouvé vous-mêmes durant le tems de son épiscopat pendant lequel il a rempli à la lettre l'idée que l'Ecriture nous donne, en tant d'endroits, d'un bon Pasteur. Vous vous rappelés sans doute, Nos Très Chers Frères, la pureté de sa foy, l'ardeur de son zèle, son humilité profonde, tant de vertus chrétiennes par où son troupeau trouva en lui un parfait modèle. Mais pourrions-nous oublier ces différents tems de calamités et de désolation dans lesquels sa charité, toujours sensible aux misères et aux souffrances de son peuple, toujours libérale et même prodigue à l'égard de ceux qui avoient besoin de ses secours, opéroit de nouveaux prodiges jusqu'à lui faire exposer sa vie aux plus grands dangers. C'est alors que comme un autre Charles Borromée, devenu un spectacle d'admiration à Dieu, aux Anges et aux hommes, il se présentait au Seigneur comme une hostie vivante et une victime publique.

« ..... Sa mort, nous pouvons l'attester, a répondu à une vie si sainte. Son amour pour Dieu, sa tendresse pour ses ouailles et singulièrement pour les pauvres, enfin tous les pieux et grands sentiments qui avoient rendu sa vie si édifiante, se sont renouvellés dans ses derniers moments de la manière la plus sensible... »

Malgré le ton un peu emphatique de ce mandement, on voit bien que les Vicaires Capitulaire répondaient aux sentiments public des catholiques d'Arles en faisant cette sorte de panégyrique du vénérable Jacques de Forbin-Janson. Nous le complèterons en rapportant le jugement du chanoine Bonnemant sur ce digne prélat : « Mgr de Janson, nous dit ce chroniqueur arlésien, mérite l'épithète de bon plutôt que de grand évêque, et ses qualités telles qu'elles étoient le rendirent plus propre à gouverner un monastère bien réglé qu'à réformer un diocèse. L'habileté et la vigueur lui manquoient également (1). Si le ciel l'eût fait naître dans les premiers siècles de l'Eglise, son zèle, sa piété, son humanité auroient rendu son gouvernement heureux et sa mémoire précieuse. Malheureusement ii fut placé sur le siège épiscopal dans un tems où le cours du génie de son peuple tendoit violemment à l'indépendance et au libertinage...

« Les différentes instructions pastorales de Mgr de Janson aux fidèles de son diocèse, pendant trente années d'épiscopat, retraceront longtems à ses successeurs non des modèles d'élégance et de style sublime, mais la manière d'y parler en bon père de famille, d'y veiller sur les abus; mais l'obligation d'y exciter la ferveur des peuples ou d'y maintenir la pureté de la doctrine. Ces mandements sont en très grand nombre (2). Sa vigilance ne se bornoit pas à ces secours purement spirituels. Simple, économe dans sa dépense, il étoit, si on peut l'être, prodigue à l'égard des pauvres. Plus de la moité de son revenu était employé à leur soulagement. Une charité sans borne fut toujours sa vertu ou, si l'on veut, sa passion dominante. »

Sans adopter tous les termes de ce jugement, du chanoine-historien de l'Eglise d'Arles, nous le trouvons assez équitable, et nous dirons avec lui que Mgr de Forbin-Janson, malgré certains défauts de sa nature ardente et méridionale, fut l'un des prélats les plus pieux et les plus charitables de son temps et (3) qu'il se montra par

(1) Il nous semble que la vigueur ne manquait pas à notre prélat, mais nous reconnaissons qu'il n'avait pas l'habileté diplomatique de son oncle le cardinal.

(2) Dans le recueil des mandements de Mgr de Forbin, qui se conserve aux archives d'Arles (armoire 27 — Eglise, T. 1, GG), nous en avons compté trente-cinq, mais il doit en manquer un certain nombre.

(3) Nous avons vu de nos jours le zèle et l'amour de Jacques de Forbin-Janson pour le salut des âmes aussi bien que pour l'orthodoxie renaître

son zèle, son attachement à la vraie foi et son dévouement à l'Eglise romaine, le digne successeur des Trophime, des Honorat, des Césaire, des Aurélien et des Virgile d'Arles.

en la personne de son proche parent, Monseigneur Charles de Forbin-Janson.

Le neveu poussa même plus loin que le grand-oncle l'esprit d'abnégation et de sacrifice, car ayant été pourvu de l'évêché de Nancy, en 1824, en récompense de ses travaux évangéliques, accomplis en France comme missionnaire, il se démit de son siége après la Révolution de 1830 pour employer le reste de sa vie à parcourir l'Amérique et l'Asie dans tous les sens et apporter les consolations de la foi aux populations les plus déshéritées.

Monseigneur Charles de Forbin-Janson venait de fonder l'Œuvre de la Sainte-Enfance, pour réparer les maux qu'il avait observé au milieu des infidèles, lorsque la mort le frappa dans les environs de Marseille, le 11 juillet 1844. Les dernières consolations religieuses lui furent apportées par son ami de prédilection, Monseigneur Eugène de Mazenod, qui avait été son émule comme missionnaire.

Un mois après (28 août 1844) le P. Lacordaire prononçait à Nancy l'oraison funèbre de celui dont la charité avait si bien reproduit l'amour de Dieu dans le monde.

En présence de pareils dévouements pour l'humanité, on ne peu que souhaiter, pour l'honneur de notre chère Provence, que les rejetons de la famille de Forbin soient de plus en plus nombreux, afin que, dans l'avenir, le sacerdoce y trouve de dignes émules de *Jacques*, archevêque d'Arles, et de *Charles*, évêque de Nancy.

MARSEILLE. — IMPRIMERIE MARSEILLAISE, RUE SAINTE 39.